中学校音楽サポートBOOKS

超一流の
指揮者が
やさしく書いた

合唱の
練習メニュー

黒川 和伸 著

明治図書

はじめに

　昨今，働き方改革が叫ばれる中，部活動の活動時間や部活動を通して生徒たちが得るべきものも変化してきています。これからは「長時間練習」ではなく，「時短練習・生徒の自主性を引き出す指導」の時代です。

　これまでの日本社会なら，合唱部の「長時間練習」によって生徒たちが得るもの，すなわち「思考停止，理不尽でも我慢，言われた通りにやること」が「生きる力」として通用していたかもしれません。

　しかし，すでにこの前時代的価値観だけでは不十分であることは日本社会，世界の社会情勢の変化から見ても明らかです。だからこそ「時短練習・生徒の自主性を引き出す指導」による合唱部の活動を通して，生徒たちは創造性，身につけた知識をもとに，自分の頭で考える力＝「問題解決力」を身につける必要があるのです。

　では，どうすれば生徒たちを，そのように導くことができるでしょうか。それはひとえに，「教師が問題意識を常にもち，学び続ける。そして，生徒が自主性をもち，自ら考えるために必要な知識やスキルを教師が生徒に提供し続ける」これに尽きます。「創造性を発揮しなさい」とだけ言ったところで，音楽的な「知識」や「スキル＝技能」という基礎がなければ，創造性ははぐくまれないからです。

　安心してください。本書では「長時間練習」から脱却するべく，「時短練習・生徒の自主性を引き出す指導」による合唱活動を通じて，創造性，身につけた知識をもとに，自分の頭で考える力を育てるための土台となるスキルを７つに集約しました。

合唱練習にかなりの時間と労力を費やしているにもかかわらず，なかなか思うような合唱表現に到達できないという場合は，時間と労力以外の何かが足りない状態と言えます。とはいうものの，「時短練習」を唱えるだけで，ただ単に練習時間を短くすれば，それはただの練習不足になるだけです。したがって，短時間の練習で最大限の練習効果を得るためには，より効果的な練習メニューが必要となります。

　そこで本書は，前作の続編・実践編として，合唱指導をするすべての先生，そしてすべての合唱部員に知っていただきたい，身につけてほしい「７つのスキル」と，そのスキルを獲得するための実践的な練習メニューを集めました。本書で紹介するメニューはすべて，筆者がこれまでに行ってきた，そして，今もライフワークとして継続している合唱部でのヴォイストレーニングや，ゲストティーチャーとしてクラス合唱や学年合唱の指導を行う中で実際に効果があったものです。明日の音楽の授業からさっそく使える，そして，クラスの歌声活動にも，コンクールを目指すハイレベルな合唱部指導にも，必ず役に立つ内容であると自信をもってお届けします。

　指導者が学び，かかわり方が変われば部員たちの歌声は必ず変わります。部員たちの歌声が変われば部員たちの生活が変わり，部員たちの生活が変われば，学校が変わり，日々が変わります。
　さあ，一緒に学びましょう！

2019年５月

黒川和伸

本書の使い方

頭から読み進める

　本書では「時短練習・生徒の自主性を引き出す指導」による合唱活動を通じて，創造性，身につけた知識をもとに，自分の頭で考える力を育てるための土台となる「7つのスキル」を提示し，それぞれのスキルを獲得するための練習メニューを提案しています。

　各 Part は，頭から読み進めるにつれて段々ステップアップしていくような構成になっています。

Part1　「知識力」を鍛えるクイズメニュー
Part2　「歌唱力」を鍛える練習メニュー
Part3　「発音力」を鍛える練習メニュー
Part4　「音感・ソルフェージュ力」を鍛える練習メニュー
Part5　「リズム力」を鍛える練習メニュー
Part6　「表現力」を鍛える練習メニュー
Part7　「聴く・かかわる力」を鍛える練習メニュー
Appendix1　発声のトラブルすっきり解決メニュー
Appendix2　抽象的発声用語辞典＆対策練習メニュー

課題に出会ったときに該当箇所を読む

　課題に出会ったときに該当箇所を読むことも可能です。全体のつながりはわからなくても，たいていの章はそれだけを読んでも理解できると思います。

デイリーメニュー

　Part2（p.56）の最後には「デイリーメニュー」として，実際の合唱練習に日々のルーティンとして取り入れる場合の時間配分も併せて提案しています。皆さんそれぞれの合唱活動に合わせて，役に立ちそうな練習メニューを，カスタマイズしてこれまでの練習メニューに加えてみてください。

質問は Twitter で

　本書の内容についての疑問点を，筆者の Twitter にリプライすることで筆者に直接質問することができます（もしよかったら，フォローもよろしくお願いします）。
黒川和伸・Twitter アカウント
@chorusmasterK

Contents

はじめに
本書の使い方

Part1

合唱練習のために最低限おさえたい！
「知識力」
を鍛えるクイズメニュー

Q1. 発声器官の3要素……15

Q2. 呼吸器①……17

Q3. 呼吸器②……19

Q4. 声帯①……21

Q5. 声帯②……23

Q6. 声道①……25

Q7. 声道②……27

Part2

声という楽器をメンテナンスする！
「歌唱力」
を鍛える練習メニュー

01 支えの練習①「姿勢」……32

02 支えの練習②「うなじの支え」……34

03 支えの練習③「呼吸管理」……36

04 スタッカートの練習……38

05 アジリティ（声を自在に動かす）の練習……40

06 母音の練習……42

07 子音の練習……44

08 ハミングトレーニング……46

09 ソステヌート（ロングトーン）の練習……48

10 パッサッジョ域（声が出しづらい音域）の練習……50

11 音域拡張の練習……52

12 メッサ・ディ・ヴォーチェ（音量操作）の練習……54

Part3

声という原石を磨く！
「発音力」
を鍛える練習メニュー

00 イントロダクション……60

01 子音k，子音（n）g……65

02 子音s，子音z……67

03 子音t，子音d……68

04 子音h……69

05 子音f，子音v……70

06 子音n，子音m……71

07 子音b，子音p……72

08 子音l，子音r……73

09 半母音（子音y，子音w）……74

10 母音①……76

11 母音②……78

Part4

音楽をインプットする！

「音感・ソルフェージュ力」
を鍛える練習メニュー

- 00 イントロダクション……82
- 01 ドレミ読み……84
- 02 ドレミリズム読み……86
- 03 音階トレーニング①……88
- 04 音階トレーニング②……90
- 05 フォルマシオン・ミュジカル①……92
- 06 フォルマシオン・ミュジカル②……94
- 07 フォルマシオン・ミュジカル③……96
- 08 譜読みトレーニング……98

Part5

音楽を身体と一体化させる！

「リズム力」
を鍛える練習メニュー

- 01 遊びの中のリズム……102
- 02 手拍子……103
- 03 リズム打ち……104
- 04 ステップ・スキップ……105
- 05 リズム打ちをしながら歌う……106
- 06 ステップを踏みながら歌う……107
- 07 指揮をしながら歌う……108

Part6

音楽でコミュニケーション！
「表現力」
を鍛える練習メニュー

- 00 イントロダクション……112
- 01 アナリーゼ……114
- 02 フレーズ読み……116
- 03 フレージング……118
- 04 うまい人を観察する……120
- 05 練習プロセスを見直す……122

Part7

他者とつながる！
「聴く・かかわる力」
を鍛える練習メニュー

- 01 ユニゾントレーニング……126
- 02 サウンドを構築する①「聴く」……128
- 03 サウンドを構築する②「かかわる」……130
- 04 立ち位置の工夫……132
- 05 言葉がけの工夫……134
- 06 言葉がけの見直し……136

Column

発声指導は科学ではない?!……30

発声指導法研究をはじめたきっかけ（その1）……58

発声指導法研究をはじめたきっかけ（その2）……80

合唱4技能（聴く，歌う，読む，書く）のススメ……100

合唱人が発声を学ぶための9つの黄金律……110

合唱コンクールあれやこれや……124

「長時間練習」の温床になる，合唱指導者の指導……138

Appendix1

21連発！
発声のトラブル
すっきり解決メニュー

00 イントロダクション……140

01 息もれ声……142

02 ブレスが短い……143

03 のど声……144

04 ゆれ声……145

05 ヴィブラートがかからない……146

06 ふるえ声……147

07 のど仏が上がる……148

08 高い音が出ない……149

09 低い音が出ない……150

10 金切り声……151

11 裏声と地声の差が目立つ……152

12 声量がない……153

13 そば鳴り声……154

14 吠え声……155

15 がなり声……156

16 叫び声……157

17 ふくろう声（頭に抜けたような声，笛声，汽笛声）……158

18 鼻声……159

19 なま声……160

20 声が明るすぎる……161

21 声が暗すぎる……162

Appendix2

明解！
抽象的発声用語辞典
＆対策練習メニュー

00 イントロダクション……164

01 声を当てる……165

02 マスケラ……166

03 響かせる……167

04 開ける……168

05 喉を開ける……169

06 曲げる（回す）……170

07 息を流す……171

おわりに

Part1

合唱練習のために最低限おさえたい！

「知識力」
を鍛えるクイズメニュー

まずはじめに，合唱指導を行ううえで最低限おさえたい「知識力」を鍛えるクイズメニューを紹介します。「そんなこと知っているよ！」と思われる読者も多いとは思いますが，ここでは（1）～（16）に当てはまる用語を答える穴埋め問題形式で確認していきましょう。

　次からは，ページを開かないと，クイズの正解がすぐに見えないようにしています。さて，皆さんは何問正解できるでしょうか？

Q1. 発声器官の3要素

発声器官は原動力＝（1），振動器＝（2），共鳴器＝（3）の3つの部分から構成されています。

この3つのことを，「発声器官の3要素」と呼びます。

（　）の中にはそれぞれa〜cのうちどれが入るでしょう。

（1）
a）呼吸器
b）消化器
c）循環器

（2）
a）軟口蓋
b）のど仏
c）声帯

（3）
a）声道
b）気管支
c）食道

ヒント：

（1）は，ヴァイオリンにおける弓の役割をします。

（2）は，ヒダ状の一対の筋肉であり，粘膜に覆われています。ピアノにおける弦の役割をします。

（3）は，管楽器における共鳴管の役割をします。

A1.

（1） a）呼吸器
（2） c）声帯
（3） a）声道

発声器官は，
原動力＝呼吸器
振動器＝声帯
共鳴器＝声道
の３つの部分から構成されています。

　呼吸器は，ヴァイオリンにおける弓の役割をします。
　声帯は，ヒダ状の一対の筋肉であり，粘膜に覆われています。ピアノにおける弦の役割をします。
　声道は，管楽器における共鳴管の役割をします。

・発声器官の３要素の相互作用
　声について何らかの問題を抱えている状態は，単に共鳴や呼吸法といった独立した問題ではなく，発声器官の３要素の相互作用に不具合が生じている状態と言えます。
　この発声器官の３要素の連携を図る歌唱技術のことを，「アッポッジョ」と呼びます。アッポッジョでは，歌うときに息を吸う体勢を長く保つことで，肺から出る空気の量を調節します。それにより，呼気と声帯振動のバランスがよくなります。

Q2. 呼吸器①

　発声器官としての呼吸器の役割は，肺にある空気を送り出し，声門や声道を通過する空気流をつくり出すことです。

　呼吸動作は，筋収縮によって肺を拡大させたり収縮させたりする2つの主要な筋群といくつかの補助的な筋群によって実現されています。

・第1の筋群～「肋間筋」

　息を吸うときに働く外肋間筋（＝吸気肋間筋）は，収縮すると胸郭の体積を（4）させるように作用し，息を吐くときに働く内肋間筋（＝呼気肋間筋）は，収縮すると胸郭の体積を（5）させるように働きます。

　（　　）の中にはそれぞれa～bのうちどれが入るでしょう。

（4）
　a）増加
　b）減少

（5）
　a）増加
　b）減少

A2.

（4）ａ）増加

（5）ｂ）減少

　呼吸動作は，筋収縮によって肺を拡大させたり収縮させたりする２つの主要な筋群によって実現されています。その第１の筋群は「肋間筋」です。

　吸気時に働く外肋間筋（＝吸気肋間筋）は，収縮すると胸郭の体積を増加させるように作用し，呼気時に働く内肋間筋（＝呼気肋間筋）は，収縮すると胸郭の体積を減少させるように働きます。

Q3. 呼吸器②

・第2の筋群〜「腹壁や横隔膜の筋肉」

　吸気時に働く横隔膜は，サラダボウルを上下逆にしたような感じの形状をしていて，収縮すると，板のような平坦な形状となって胸郭の体積を（6）させます。

　呼気時に働く腹壁は，収縮すると胸郭の体積を（7）させるように働きます。

　（　）の中にはそれぞれa〜bのうちどれが入るでしょう。

（6）
a）増加
b）減少

（7）
a）増加
b）減少

A3.

　（6）a）増加

　（7）b）減少

・第2の筋群〜「腹壁や横隔膜の筋肉」

　腹壁や横隔膜の筋肉は，胸郭の下端を上げ下げすることで胸郭の体積を増減させる働きをもちます。

　吸気時に働く横隔膜は，サラダボウルを上下逆にしたような感じの形状をしていて，収縮すると，板のような平坦な形状となって胸郭の体積を増加させます。

　呼気時に働く腹壁は，収縮すると胸郭の体積を減少させるように働きます。

・補助的な筋群

　首から肩にかけての筋肉（胸鎖乳突筋，僧帽筋など）には，吸気筋として使われる筋肉があり，同時にのど仏の位置や機能に影響します。

Q4. 声帯①

　声帯はヒダ状の一対の筋肉であり，粘膜に覆われています。空気流が声帯を通過することにより，声帯が最初に音をつくり出します。この音のことを，（8）と呼び，声帯を振動させる力のことを（9）と呼びます。

　（　）の中にはそれぞれa〜cのうちどれが入るでしょう。

（8）
a）喉頭音源
b）共鳴
c）母音

（9）
a）声門閉鎖
b）ベルヌーイ力
c）ヴィブラート

A4.

（8） a）

（9） b）

　声帯はヒダ状の一対の筋肉であり，粘膜に覆われています。空気流が声帯を通過することにより，声帯が最初に音をつくり出します。この音のことを，喉頭音源（または声帯原音）と呼び，声帯を振動させる力のことをベルヌーイ力と呼びます。

（8）

　b）共鳴は，喉頭音源（または声帯原音）が声道によって増幅されることを指します。

　c）母音は，日本語でいうところの「あいうえお」のことで，声道の形状によって形成されます。

（9）

　a）声門閉鎖は，唾を飲み込んだり痰を切ったりするときに，声門が閉じることを指します。

　c）ヴィブラートは，呼吸器，声帯，共鳴のバランスによって音程を細かく上下させたり，震えるように声を響かせたりする唱法のことで，声帯そのものを振動させている力のことではありません。

Q5. 声帯②

　空気が十分に（10）声門を通過するとき，声帯は振動を開始します。声帯の間の中心を進行する空気流の層は，隣の声帯の形状に沿って曲がって進行しなければならない層よりも短い距離を進行します。

　この進行する距離の差が，声帯の間の中心に向けて吸引力をつくり出し，この吸引力は，空気の流れが声門を通過するとすぐに声門を（11）とする力として作用します。

　（　）の中にはそれぞれa〜bのうちどれが入るでしょう。

（10）
a）狭い
b）開いた

（11）
a）閉じよう
b）開けよう

A5.

(10) a) 狭い

(11) a) 閉じよう

　空気が十分に狭い声門を通過するとき，声帯は振動を開始します。声帯の間の中心を進行する空気流の層は，隣の声帯の形状に沿って曲がって進行しなければならない層よりも短い距離を進行します。

　この進行する距離の差が，声帯の間の中心に向けて吸引力をつくり出し，この吸引力は，空気の流れが声門を通過するとすぐに声門を閉じようとする力として作用します。

・「喉を開ける」とは，「声門を開ける」ことではありません

　ベルヌーイ力は「空気が十分に狭い声門を通過するとき」に働くので，開いてしまうとうまく声帯は振動してくれません。

Q6. 声道①

声道とは，声帯から唇までの空間を指します。声道は一つの部位ではなく，（12）腔と口腔（mやnなどの鼻音性の子音や鼻母音などを発音する場合は鼻腔も含む）で構成されています。

（13）は「のど仏」のことです。複数の軟骨によって形成され，気管と咽頭腔の間に位置しています。（13）の中に声帯があります。

（12）腔とは（13）から口腔の手前，および鼻腔の手前までの部分を指します。

口腔，鼻腔は文字通り口の中，および鼻の中の部分です。

（　）の中にはそれぞれa～cのうちどれが入るでしょう。

（12）

a）咽頭

b）喉頭

c）気管

（13）

a）咽頭

b）喉頭

c）気管

A6.

（12）ａ）咽頭

（13）ｂ）喉頭

　声道とは，声帯から唇までの空間を指します。声道は一つの部位ではなく，咽頭腔と口腔（ｍやｎなどの鼻音性の子音や鼻母音などを発音する場合は鼻腔も含む）で構成されています。

　喉頭は「のど仏」のことです。複数の軟骨によって形成され，気管と咽頭腔の間に位置しています。喉頭の中に声帯があります。

　咽頭腔とは喉頭から口腔の手前，および鼻腔の手前までの部分を指します。

　口腔，鼻腔は文字通り口の中，および鼻の中の部分です。

　声道に気管は含まれません。

Q7. 声道②

　声道は（14）である声帯の上に位置し，（15）の役割を果たします。したがって，声道は振動する声帯に反応し，歌声の音色に影響を与えます。

　特別な（15）に最適な周波数を共鳴周波数と呼び，（15）が人間の声道である場合は，（16）周波数と呼びます。（16）周波数と異なる周波数をもつ音が（15）を通過する場合，その音は伝送中に振幅が小さくなり，音はうまく共鳴しません。

　（　）の中にはそれぞれa〜cのうちどれが入るでしょう。

（14）
a）振動器
b）原動力
c）共鳴器

（15）
a）発音体
b）原動力
c）共鳴器

（16）
a）ウムラウト
b）フォルマント
c）ナザール

Part1　「知識力」を鍛えるクイズメニュー　**27**

A7.

（14） a ）振動器
（15） c ）共鳴器
（16） b ）フォルマント

　特別な共鳴器に最適な周波数を共鳴周波数と呼び，共鳴器が人間の声道である場合は，フォルマント周波数と呼びます。フォルマント周波数と異なる周波数をもつ音が共鳴器を通過する場合，その音は伝送中に振幅が小さくなり，音はうまく共鳴しません（＝アンチ・フォルマント）。

　ウムラウトは，ドイツ語などの変母音（ä・ö・ü）のことです。
　ナザールは，フランス語などの鼻母音（ａ ｉ ｕ ｅ ｏ ｙ ＋ｍ, ｎ）のことです。

〈引用・参考文献〉
・ヨハン・スンドベリ著，榊原健一監訳『歌声の科学』（東京電気大学出版局）

いかがでしたでしょうか？
　「知識力」を鍛えるクイズメニュー，あなたは何問正解することができましたか？
　間違えた問題についてはしっかり復習してください。

Column

発声指導は科学ではない?!

　「発声指導は科学ではない」
と言われることがあります。

　しかし，発声指導者は決して教祖であってはならず，発声指導は宗教であってはなりません。医療が宗教ではないのと同じように，発声指導は宗教ではなく科学であるべきです。

　合唱指導者は，発声メソッドの信者になるのではなく，様々な情報を集め，自身で選び取る必要があります。

　指導者にとって大切なことは流行りの発声メソッドに追従することではなく，「なぜそうなるか?」の原理・原則を知ることです。恐ろしいことに，理にかなっていない歌唱指導からは必ず不具合が生まれるからです。

　医学の世界では，カンファレンスを行うことは常識です。合唱団員を発声の不具合から解放し，メンバーがいきいきとそれぞれの音楽を表現できるようになるために，合唱指導者は意見を交換し合い，一緒に学び合う必要があると言えるでしょう。

Part2

声という楽器をメンテナンスする！

「歌唱力」
を鍛える練習メニュー

01 支えの練習① 「姿勢」

> **ねらい　支えを見つけることで，発声器官の３要素を連携させる**

　歌は身体が楽器です。身体が楽器である以上は姿勢もまた生理学的，音響学的に理にかなっている必要があります。

　姿勢は，発声器官の３要素（原動力＝呼吸管理，振動器＝喉頭，共鳴器＝声門上の声道）に影響を与えます。
　適切な発声を生み出す発声器官の３要素の相互作用は，第一に適切な姿勢（立ち方）によって生み出されます。

エクササイズ♪　生理学的に理にかなった歌唱姿勢を確認する

①足を開きすぎない
　くるぶしの間にこぶし一つ分の隙間を開ける程度に足を開きます。
→足を開きすぎると胸郭が下がり，「支え」が感じにくくなります。

②下腹を引き，背筋を伸ばす，軽く胸を張り，顎を軽く引く
→「身長が一番高くなる姿勢」になります。

③肩を落としすぎない
　「両肩に小鳥が憩えるくらいの位置」を心がけましょう。
→過度な撫で肩は，浅い呼吸の原因になります。

トレーニング♪ ## 後ろ手に手を組む

　後ろ手に手を組み，手のひらを外側に向けて手を交差させると，生理学的に理にかなった歌唱姿勢を長く続けられます。

　一見，しつけ的で，意味のない前時代的な指導に見えるかもしれませんが，決して意味なくこの姿勢をとらせるわけではなく，バランスのよい発声を行うことができる歌唱フォームの習得に際して，非常に理にかなったメソッドです。

　もちろん，本番は後ろ手に手を組んで歌うわけではありません。

トレーニング♪ ## 仰向けに寝て歌う

　このトレーニングももちろん，本番は仰向けに寝て歌うわけにはいかないのですが，仰向けに寝て歌うのも生理学的に理にかなった歌唱姿勢（身長が一番高くなる）の確認になります。

O_{ne} P_{oint} A_{dvice}

　よく「足を肩幅に開く」と言われますが，その立ち方では，骨盤の位置が悪く，「支え」を感じることが難しくなり，「時短練習」の妨げになりますので注意しましょう。

Part2 「歌唱力」を鍛える練習メニュー　**33**

02 支えの練習② 「うなじの支え」

> **ねらい　支えを見つけることで，発声器官の3要素を連携させる**

　発声に必要な筋肉の緊張を「支え」，発声に不必要な筋肉の緊張を「力み」と定義すると，どこからが「支え」で，どこからが「力み」かが問題となります。

　のど仏は，歌っている間もブレスのときも大きく上下動しないのが理想です。のど仏の位置を安定させるためには「うなじの支え」が必要です。喉に不快感があるときは，「うなじの支え」が十分でない可能性があります。

　また，「アッポッジョ」（p.16）という呼吸管理法を行うためには胸郭を下げないようにする必要があり，胸郭を下げないためには，吸気筋である首から肩にかけての筋肉（胸鎖乳突筋，僧帽筋など）を調節する必要があります。

エクササイズ♪　うなじの支えを発見する

○わざと音を立てて息を吸う。
○あくびをこらえる。
○吐き気をこらえる。
○笑いをこらえる。
→そのときの首，うなじ，肩の緊張が「うなじの支え」です。

トレーニング♪ すばやく吸って，長く吐く

子音 s または子音 z で。

①4拍子をカウントしながら，
　3拍で息を吐き，1拍で吸う，を繰り返す。
②4拍子をカウントしながら，
　7拍で息を吐き，1拍で吸う，を繰り返す。
③4拍子をカウントしながら，
　11拍で息を吐き，1拍で吸う，を繰り返す。
④4拍子をカウントしながら，
　15拍で息を吐き，1拍で吸う，を繰り返す。

上記の練習は子音 f や子音 v で行うのも有効です。

One Point Advice

上記のような首から肩にかけての筋肉が適度に働かなければ，のど仏の位置や機能に悪い影響が出ます。発声に必要な筋肉の緊張を「支え」，発声に不必要な筋肉の緊張を「力み」，という定義を思い出せば，

「首の力を抜いてください」
「肩を脱力してください」

だけでは，不十分だということがわかるかと思います。
適切な「うなじの支え」を見つけましょう。

Part2　「歌唱力」を鍛える練習メニュー　35

03 支えの練習③「呼吸管理」

> **ねらい　支えを見つけることで，発声器官の3要素を連携させる**

　なぜ，呼吸の練習をするのでしょうか。

　皆さんも日々，ブレスの練習をしているかと思いますが，なぜ，ブレスの練習をするのか説明できますか？

　その理由の一つとして，子音s，子音zで発声練習をすることで，「アッポッジョ」（p.16）の身体の感覚を意識できるということがあります。

　意味を理解して発声練習を行うことは「時短練習」の第一歩です。仕組みをしっかり理解しましょう。

エクササイズ♪　アッポッジョの身体の感覚を意識する

①わき腹を触る。人差し指を肋骨の下に，親指を背中側に，小指を腰骨の位置に置く。

②勢いよく子音s，または子音zを発音する。

③そのときの肋骨とみぞおち，わき腹付近の感覚が「アッポッジョ」です。

　アッポッジョにおいて，おへそのあたりから下腹にかけては「引っ込み」も，「張り出し」もしません。

　また，いわゆる「腹式呼吸」のような腹踊りのような動きは「息もれ声」（p.142）の原因となりますので避けましょう。

One Point Advice

子音 z や子音 v のロングトーンをしようとして，z（ずー）や v（ヴー）ではなく zu（ずうー）や vu（ヴうー）のように途中で母音 u になってしまう場合は，姿勢が悪かったり，「支え」がうまく働いていなかったりしています。

息がこすれる音を持続させるには体幹の必要な緊張（鼻をかむときのような力）を保つ必要があります。

また，子音 z が子音 s に，子音 v が子音 f になってしまう場合は，首から肩にかけての緊張（うなじの支え）を確認しましょう。

首の緊張が緩むと，胸郭が下がって息もれしたり，声門閉鎖が緩みやすくなったりします。

トレーニング♪　音を立てないブレスの練習

①4拍かけて，ゆっくりと静かに息を吸う。
②息を吸い込む体勢を4拍分キープする。
③4拍かけて，音を立てずにゆっくりと息を吐く。

One Point Advice

各部分10拍かけても苦しくないようにするのを目標にしましょう。

Part2　「歌唱力」を鍛える練習メニュー　37

04 スタッカートの練習

> **ねらい　スタッカートで歌うことで，発声器官の3要素を連携させる**

　歌がうまく歌えるかは，適切な「歌いだし」と「歌いおわり」にかかっています。適切な歌いだしと歌いおわりのためには，胸郭を下げないことが重要となります。

　歌いだしや，長いフレーズの途中，歌いおわりで胸郭の位置が下がるのは，安定した発声法を身につけていない人に共通する問題です。

①歌いだし

　歌いだしで重要なことは，歌いだしの瞬間に胸郭を下げないことです。胸郭を下げないということは，首や肩，腹壁の筋肉と背筋が働いて，胸郭が高い位置に保たれているということです。

　歌い出しの瞬間に胸郭を下げてしまうと，あとあと息が足りなくなったり，フレーズの頂点，または最高音で声がかすれたりしてしまいます。

②歌いおわり

　歌いおわりで重要なことは，歌いおわりに胸郭を下げないことです。フレーズ末で気を抜かないようにします。首や肩，腹壁の筋肉と背筋が働いて，胸郭が高い位置に保たれている必要があります。

トレーニング♪ 歌いだし（スタッカート）

「ハッハッハッハッハ」と，同じ音の高さでスタッカートで歌います。
一拍ずつ息つぎをすることで，すべての音が歌いだしの練習になります。

【練習手順】
①静かな吸気。
②音高に集中した，いきいきとした歌いだし。息を詰めない。
③声が出る。
④歌いおわり。
⑤素早い吸気。肋骨のポジションは静かに安定している。

　スタッカート練習の注意点は，次の通りです。
○練習を通して肋骨の広がりを意識する。
○胸骨を高い位置に維持する。
○内側から胸骨に空気を寄りかからせる感覚を意識する（声門閉鎖を含む）。
○お腹を動かそうとしない（勝手に動く）。
○首や肩の適切な緊張を緩めない。

One Point Advice

　ブレスは次のフレーズのために吸います。
　息継ぎは姿勢を保って行われ，さらに次の歌いだしの瞬間に胸郭を下げないようにします。
　次の歌いだしを正しく行うためには，歌いだしの直前のブレスで，歌いだし時の声道のフォームが確定される必要があるからです。

Part2 「歌唱力」を鍛える練習メニュー　39

05　アジリティ（声を自在に動かす）の練習

ねらい　素早いパッセージを歌うことで，発声器官の3要素を連携させる

　アジリティとは，英語で俊敏性という意味ですが，イタリア語でアジリタ agilità と言う場合は素早い動きをもつメロディーラインや短いパッセージのことを指します。歌唱技術の用語としては，そのような素早いパッセージを歌う歌唱技術のことを指します。

①アジリティは歌唱技術の試金石

　肺からの気流に対して声門閉鎖が強すぎると，素早い動きができなくなります。一方，声門閉鎖が弱すぎると音同士がつながってしまいます。

　したがって，素早いパッセージを歌うことができるかを確認することによって発声がうまくいっているかをチェックすることができます。

②どこからが「支え」で，どこからが「力み」か

　前述の通り（p.34），発声に必要な筋肉の緊張を「支え」，発声に不必要な筋肉の緊張を「力み」と定義すると，どこからが「支え」で，どこからが「力み」かが問題となります。

　例えば，アジリティがうまくいかないというのは，腹壁に力みが生じているか，必要な力が入っていないということです。どの程度の筋肉の緊張がアッポッジョで，どこからが力みになるのかを体感するための練習がアジリティの練習です。

40

エクササイズ♪ **アジリティの感覚を呼びさますモノマネ**

○悪役のモノマネ

「フッフッフッフッ」（ハミングで含み笑い）

○おばけのモノマネ

「う～ら～め～し～や～」（たくさんヴィブラートをつけて）

○犬のあえぎのモノマネ

「はぁはぁはぁはぁ」

いずれのモノマネも，自分の意思でお腹を動かそうとするとうまくいきません。お腹はあくまでも声と連携した結果動き出します。

トレーニング♪ **アジリティ**

ドレドレドレドレドー

ドレミドー

ドレミファミレドー

ドミレファミソファレドー

ソミファレミドレシドー

ドーレミファソラシドーシラソファミレドー

ドレミファソラシドレドシラソファミレドー

One Point Advice

ゆっくりから始めて，徐々にテンポを上げていきましょう。

Part2 「歌唱力」を鍛える練習メニュー **41**

06 母音の練習

> **ねらい　支えと共鳴を調整して，美しい母音の響きをつかむ**

　母音の練習をすることによって，「**声道の形状に影響する６つのパーツ**」（p.60）を好ましい位置に調整することを学ぶことができます。

❶唇

　母音の変化にしたがって，唇を自然に動かすことを学ぶ。

❷顎

　母音の変化にしたがって，顎の位置を自然に動かすことを学ぶ。

❸舌

　母音の変化にしたがって，舌の位置を自然に動かすことを学ぶ。

❹軟口蓋

　母音が変わっても，軟口蓋が下がらない（息が鼻に抜けない）ようにすることを学ぶ。

❺表情筋

　母音が変わっても，頬の表情筋が落ちないようにすることを学ぶ。

❻喉頭（のど仏）の位置

　母音が変わっても，のど仏の位置が変化しないようにすることを学ぶ（うなじの支え）。

トレーニング♪ **母音**

① 「声道の形状に影響する6つのパーツ」を意識して，母音の響き（明るさ
　／暗さ，浅さ／深さ）を調節しながら，

　同じ音の高さで，
　アーイーウーエーオー
　イーエーアーオーウー
　ウーオーアーエーイー
　と歌う。

②歌いやすい範囲内で半音ずつ音を動かす。

③適宜長くする。
　アーイーウーエーオーイーウーエーアー
　イーエーアーオーウーオーアーエーイー
　ウーオーアーエーイーエーアーオーウー
　など。

One Point Advice

　母音のよい響きを獲得するためには，よい耳が必要です。
　身体の感覚（触覚）と響き（聴覚）が，長期記憶として結びついたとき，
はじめて安定したよい声で歌うことができます。

Part2　「歌唱力」を鍛える練習メニュー　**43**

07　子音の練習

> **ねらい　子音を利用して，支えと共鳴を調整する**

すべての子音の発語には，「支え」が伴わなければなりません。

○有声子音では，呼気圧を声門と声道内の狭窄(きょうさく)が受け止めます。
○無声子音では，呼気圧を声道内の狭窄が受け止めます。

→子音の発語をトレーニングすることによって，「支え」を強化することができます。

エクササイズ♪　子音 k，t，p および子音 g，d，b の発語エクササイズ

①4拍子をカウントしながら，
　3拍で1拍ずつ子音 k，t，p を発音，1拍で吸う，を繰り返す。

　k，t，p（ブレス）
　k，t，p（ブレス）
　k，t，p（ブレス）
　k，t，p（ブレス）

②4拍子をカウントしながら，
　3拍で1拍ずつ子音 g，d，b を発音，1拍で吸う，を繰り返す。

g，d，b（ブレス）
g，d，b（ブレス）
g，d，b（ブレス）
g，d，b（ブレス）

トレーニング♪ 子音を利用して共鳴を調整する

子音を利用して共鳴を調整することができます。
○ Part3で紹介しているものからいくつかを適宜使う。
→「声道の形状に影響する６つのパーツ」（p.60）を意識する。

Za—Zi—Zu—Ze—Zo—
Ga—Gi—Gu—Ge—Go—
Wa—Wi—Wu—We—Wo—
など。

エクササイズ♪ ささやきエクササイズ（軟口蓋を上げる）

○表情筋を上げたまま，ウィスパー（ささやき声）で今取り組んでいる曲の
歌詞を読む。

こーのーみーちーはー いーつーかーきーたーみーちー

（「この道」北原白秋作詞・山田耕筰作曲）

→軟口蓋が下がっているとウィスパーでうまく読むことができません。

Part2 「歌唱力」を鍛える練習メニュー **45**

08 ハミングトレーニング

> **ねらい　好ましい表情筋の位置と，声門閉鎖の感覚を学習する**

　ハミングで得られるのは実は「鼻腔共鳴」ではありません。

　ハミングがうまくいっているとき，実際は主に好ましい表情筋の位置と，声門閉鎖の感覚を学習することで，声門閉鎖と共鳴のバランスが整えられています。

エクササイズ♪　ハミングのコツをつかむ（声門閉鎖と表情筋）

　ハミングが苦手な人は，以下の手順できっかけをつかみましょう。

①「鼻腔を共鳴させる」のではなく，一度騙されたと思って，最高に変な声を出しながら，口を閉じてみてください。

→声門閉鎖の感覚をつかむ。

②喉が詰まった感じがするくらい①をやったら，表情筋を上げてみてください。ハミングがうまく響くと思います。そのときの表情筋の位置は，ハミング以外で歌うときにも好ましい表情筋の位置です。

→ハミングで歌うときにふさわしい表情筋の位置を学習する。

エクササイズ♪ **支えを感じる**

①わき腹を触る。人差し指を肋骨の下に，親指を背中側に，小指を腰骨の位置に置く。

②子音mを発音しながら含み笑いをする。鼻で笑うように。

③そのときの体幹の感覚が「アッポッジョ」（p.16）です。

トレーニング♪ **軟口蓋コントロール**

○同じ音の高さで，

　m－a－m－i－m－u－m－e－m－o－

　と歌う。

　母音のときに鼻をふさぐ。

→息は，子音mのときには鼻を通って（軟口蓋が下がっている），母音のときには口を通って（軟口蓋が上がっている）体の外に出る。

　したがって，母音のときに鼻をふさぐことで，軟口蓋がコントロールできているかチェックすることができます。

One Point Advice

　ハミングが苦手な人は，

①表情筋を上げる。

②首の前を短く，後ろを長くする（うなじのアッポッジョ）。

③アッポッジョにおける胴体での「支え」を感じる。

を確認しましょう。

Part2　「歌唱力」を鍛える練習メニュー　**47**

09 ソステヌート（ロングトーン）の練習

> **ねらい　声の耐久力を増し，健全な発声を身につける**

　歌において，ソステヌートとは楽語上の意味である「音価を十分に引き延ばすこと」に加えて，よい発声を維持することを意味します。

　また，ノンブレスでひと息で歌える時間の長さを長くすることも，ソステヌートの技術に含まれます。

①「声の楽器」を築き上げること

　ロングトーンを歌うためには，確かな歌唱技術が必要です。ソステヌート（維持する力）の練習を行うことで，声は耐久力を増し，健全な発声を身につけることができます。

②発声器官の３要素とロングトーン

　声について何らかの問題を抱えている状態は，単に共鳴や呼吸法といった独立した問題ではなく，発声器官の３要素の連携に不具合が生じている状態です。

　したがって，ロングトーンができないという問題も，発声器官の３要素の連携に不具合が生じている状態であると言えます。

トレーニング♪ **ソステヌート**

ドーミーソード↑ーーシラソファミレドー
ドミソド↑ド↑ド↑ド↑ソミドー
ドミソド↑ド↑ド↑ド↑ド↑ド↑ーシラソファミレドー

トレーニング♪ **１分間ロングトーン**

　１分間，音の高さを保ってロングトーンの練習をします。
○歌詞は各種ハミング（子音m，子音n，子音ng）や，母音で行う。
○「声道の形状に影響する６つのパーツ」（p.60）を意識する。特に表情筋
　が下がらないように注意する。
○正しい姿勢や呼吸管理，うなじの支えを意識する。
○耳を澄ましてユニゾンの美しさを感じる。
○適宜，カンニングブレス（目立たないように交互に息継ぎをすること）を
　してよい。

O_{ne} P_{oint} A_{dvice}

　「支え」は，身体の緊張のバランスでできています。したがって個人差を
考慮する必要があります。
　例えば，正しい練習を行っても，ひと息で歌える長さは人それぞれです。
アッポッジョには，息を吸う体勢を必要以上に長い時間とり続けるという感
覚ではなく，「快適に感じる範囲内で，なるべく長く吸気の位置をとる」と
いう感覚が必要です。

Part2　「歌唱力」を鍛える練習メニュー　**49**

10 パッサッジョ域（声が出しづらい音域）の練習

ねらい　発声器官の3要素を連携させて，歌いづらい音域を克服する

パッサッジョ域とは，

「生理学的，音響学的な要因から，発声器官の3要素の相互作用に支障が出やすい音域」

のことです。

パッサッジョ域では母音が歪み，「吠え声」（p.155）や「叫び声」（p.157）になったり，声帯の振動に支障をきたしてひっくり返ったりしやすくなります。
　これらを防ぐためには，
①声道の調整
②「支え」の調整
を行う必要があります。

　具体的には，
○低音域から中音域，中音域から低音域への移行
○高音域から中音域，中音域から高音域への移行
における，声が出しづらい音域において，①②の調整を行います。

エクササイズ♪　グリッサンド・エクササイズ

　グリッサンド（音階を滑らせるように歌うこと）で，声帯の厚みの変化に
対して，①声道の調整，②「支え」の調整をすることを意識します。

①グリッサンドで最低音から最高音まで上がり，また最初の音に戻る。
②いろいろな母音で歌う。子音m，子音 v などを使うと「支え」を意識しや
　すい。
③男声は，高音域はファルセット（裏声）で歌う。

トレーニング♪　パッサッジョ域練習

　ソファミレドレミファソファミレドー

①低音域〜中音域で練習する。
②高音域〜中音域で練習する。

One Point Advice

　うまくいかない人には，
○姿勢が崩れている。
○胸骨が下がって胸郭が萎んでいる。
○首から肩にかけての緊張が緩んでいる。
○表情筋が下がっている。
○顎の落としすぎ，または狭すぎる。
などの傾向が見られます。

Part2　「歌唱力」を鍛える練習メニュー　**51**

11 音域拡張の練習

> **ねらい　発声器官の3要素を連携させて，音域を広げる**

音域拡張の練習とは，

「声帯の機能を保ちながら，音高に対して，呼吸と共鳴を調節する方法」

を学ぶ練習です。

　アクート（実声による高音）は，ぴたりと閉じた声帯とうなじの支え，呼吸管理，そして母音修正によって実現します。
　母音修正とは，音域に応じて声帯の振動にマッチしたフォルマント周波数（p.28）が生まれる母音に修正する技術です。
　高い声が出ないのは，内喉頭筋の機能だけの問題ではありません。フォルマント周波数が声帯の振動とマッチしていないと，高音でひっくり返ったり声が割れたりします。

　高い声が出ないのは声帯の振動に対して口の開け方，うなじの支え，呼吸がマッチしていないのが原因です。
　したがって，高音に向かって伸展して閉鎖が強まる声帯にマッチした口の開け方，うなじの支え，呼吸を身につける必要があります。

エクササイズ♪ **口を開けながらあくびをかみころす**

①呼吸管理

　高音域では，母音修正とアッポッジョ（p.16）による呼吸のエネルギーを高める（あくびをかみころすときや，嘔吐する瞬間のように腹壁とうなじに力を入れる）必要があります。

②声帯の振動

　あくびをこらえるときや，嘔吐する瞬間のように腹壁とうなじに力を入れると，声門がぴたりと閉じてファルセット（裏声）になりにくくなります。

③共鳴

　あくびをするときや嘔吐する瞬間のように十分に口を開けます。

トレーニング♪ **音域拡張練習**

　ドレミファソファミレド
　ドミソミドー
　ドミソーラソファミレドー

O_{ne} P_{oint} A_{dvice}

　アクートではなくミックスボイス（声門閉鎖の強い裏声）でもよい場合は，喉頭内の声帯を伸ばす筋肉と，声門を閉鎖する筋肉のバランスに気をつけながら，口の開け方を調整します。

Part2　「歌唱力」を鍛える練習メニュー　**53**

12 メッサ・ディ・ヴォーチェ（音量操作）の練習

> **ねらい**　発声器官の３要素を連携させて，音量を操作する感覚をつかむ

メッサ・ディ・ヴォーチェの練習とは，

「声帯の機能を保ちながら，音量の変化に対して，呼吸と共鳴を調節する方法」

を学ぶ練習です。

メッサ・ディ・ヴォーチェは，発声器官の３要素を結びつける技術を確実に身につけるための，最高の練習です。

トレーニング♪　メッサ・ディ・ヴォーチェ

弱声でフレーズを開始し，クレッシェンドした後に再び弱声に戻します。
完全なメッサ・ディ・ヴォーチェを行う前に，全体を３つの部分に分けて練習します。

①弱声からクレッシェンドをかける。
②息つぎをする。
③デクレッシェンドして弱声に戻る。

次に，息つぎをせずに完全なメッサ・ディ・ヴォーチェにします。

正しいメッサ・ディ・ヴォーチェのコントロールができるようになるためには，まずきれいで響きのよい歌いだしができるようにならなければなりません。

はじめは中低音域の音高を用い，次にそれより高い音で練習してください。

チェックポイントは，次の通りです。
①息を吐くときに声帯の閉鎖がきちんと調整されているか。
→途中で息がなくなったり，声門閉鎖が緩んだりすると，「息もれ声」
　（p.142）になったり，「ゆれ声」（p.145）になったりします。
②姿勢と胸骨を，できるだけ長く歌いだしの状態に保つことができるか。

One Point Advice

音量を変化させても音高・音色が歪まないのは，発声器官の3要素を正しく調整できているときだけです。

したがって，メッサ・ディ・ヴォーチェは発声練習の仕上げにふさわしい練習と言えます。

デイリーメニューは次の通りです。

5分コース→

04　スタッカートの練習　1分

05　アジリティ（声を自在に動かす）の練習　1分

07　子音の練習　1分

09　ソステヌート（ロングトーン）の練習　1分

11　音域拡張の練習　1分

15分コース→

01　支えの練習①「姿勢」　1分

02　支えの練習②「うなじの支え」　1分

03　支えの練習③「呼吸管理」　1分

04　スタッカートの練習　3分

05　アジリティ（声を自在に動かす）の練習　1分

06　母音の練習　1分

07　子音の練習　1分

08　ハミングトレーニング　1分

09　ソステヌート（ロングトーン）の練習　1分

10　パッサッジョ域（声が出しづらい音域）の練習　1分

11　音域拡張の練習　1分

12　メッサ・ディ・ヴォーチェ（音量操作）の練習　2分

30分コース→

01　支えの練習①「姿勢」　2分

02 支えの練習②「うなじの支え」2分

03 支えの練習③「呼吸管理」2分

04 スタッカートの練習 5分

05 アジリティ（声を自在に動かす）の練習 2分

06 母音の練習 2分

07 子音の練習 2分

08 ハミングトレーニング 2分

09 ソステヌート（ロングトーン）の練習 2分

10 パッサッジョ域（声が出しづらい音域）の練習 2分

11 音域拡張の練習 2分

12 メッサ・ディ・ヴォーチェ（音量操作）の練習 5分

60分コース→

01 支えの練習①「姿勢」5分

02 支えの練習②「うなじの支え」5分

03 支えの練習③「呼吸管理」5分

04 スタッカートの練習 5分

05 アジリティ（声を自在に動かす）の練習 5分

06 母音の練習 5分

07 子音の練習 5分

08 ハミングトレーニング 5分

09 ソステヌート（ロングトーン）の練習 5分

10 パッサッジョ域（声が出しづらい音域）の練習 5分

11 音域拡張の練習 5分

12 メッサ・ディ・ヴォーチェ（音量操作）の練習 5分

Column

発声指導法研究をはじめたきっかけ（その１）

　筆者は2007年に東京藝術大学音楽学部声楽科を卒業後，合唱指揮者として働いていますが，様々な現場で合唱指導をする中で，

　「よりよい指導を行うためには基礎となる発声指導法を研究しなければ音楽表現につながらない」

と強く感じるようになりました。

　中学生の発声指導に本格的にかかわり出した2012年当時，これまでの経験から指導を行ったのですがまだまだ手探り状態。
　2013年には指導している中学校の合唱団が全日本合唱コンクール全国大会で金賞を受賞するなど一定の結果は出てきたのですが，指導力不足を感じていました。

　「歌いたい」と意欲的な合唱部員を相手にしている以上，結果が出ないとすれば指導者のスキル不足の問題です。

○上達したいという熱意にあふれる生徒たちの力になりたい。
○目の前にいる生徒たちの音楽表現をより豊かにする手助けがしたい。
○音楽表現という目的を達成するための手段となる発声技術をより確実に習得させてあげたい。

　これらが私の研究の動機となりました。

Part3

声という原石を磨く！

「発音力」
を鍛える練習メニュー

00 イントロダクション

　発音を磨くことによって，好ましい声道の構えと，共鳴の感覚を学ぶことができます。つまり声という原石を磨くがごとく，ツヤを出したり，深みを出したりすることができるようになるということです。

　合唱における口の開け方は，原則「開けすぎず，閉じすぎず」です。
　口の形は，歌いながら耳をすまして常に調整し続ける必要がありますが，一般的な原則は存在します。

　口腔は，咽頭腔とともに声道を構成しています。声道の形状が共鳴に大きく影響します。
　声道の中で調節可能な部位は以下の6パーツです。

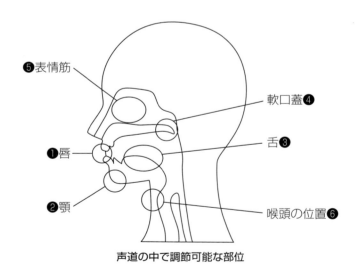

声道の中で調節可能な部位

美しい母音の発音は，声道がその言語の母音にマッチしてはじめて可能になります。

　したがって，発声練習の多くは，姿勢や呼吸による「支え」を感じて母音がつぶれないようにしつつ，「シンガーズ・フォルマント」（高音域の倍音のことで，声のアタリ，ツヤをつくる重要な要素）を保持しながら，その言語の母音にマッチするように，声道を調整すること（母音調整）を目的としています。

トレーニング♪ 子音を利用して母音を磨く

　子音を丁寧に発語すると，声がよく響くようになります。なぜなら，子音を発語するためには表情筋を持ち上げたうえで，軟口蓋を適切に扱う必要があり，また，しっかりと子音を発語するためには「支え」がしっかりしている必要があるからです。

　子音という「補助輪」を使って，好ましい声道の構えと共鳴の感覚をつかみ，最終的には「補助輪」なしで母音を美しく響かせましょう。

　もちろん，「言えばよい」というものではないので，言語として自然な響きを逸脱しないよう，あくまでも子音と母音の発音のバランスに気をつけましょう。

トレーニング♪ 苦手なフレーズを得意な子音＋母音で歌う

　例えば，「ti」が得意であれば，苦手なフレーズを ti で歌うことによって，よい響きのイメージをもつことができるでしょう。

　「ti」であれば，声をフォーカスする効果のある子音 t と，i 母音特有の舌の後ろの部分が高くなる感覚を確認し，その感覚を伴ってもとの歌詞や母音唱で歌うことで響きのバランスが改善します。

Part3 「発音力」を鍛える練習メニュー　61

トレーニング♪ 鼻をふさいで歌う

　子音 n，子音 m，そして，子音 ng 以外の子音および母音を発音するとき，正しく軟口蓋が上がり，誤って鼻に息が抜けていなければ，鼻をふさいでも歌えるはずです。

トレーニング♪ 今取り組んでいる曲の苦手なフレーズを歌う

　子音 k，子音 g ＋母音を例に出すと，
　例えば，文部省唱歌「故郷」（高野辰之作詞・岡野貞一作曲）であれば，

　うさぎ追いしかの山

　くかきこききかこかか
　ぐがぎごぎがごがが

と歌うことで，
〇顎の落としすぎを防ぐ。
〇舌が，前舌気味になるのを防ぐ。
〇軟口蓋の適切な位置を意識する。
ような効果が現れ，音色が改善します。
　その感覚を伴ってもとの歌詞や母音唱で歌うことで響きのバランスが改善します。

　次ページは，子音の練習で調整できる，「声道の形状に影響する６つのパーツ」についてのまとめです。

62

❶唇：すぼめている／横に引いている

○すぼめすぎを防ぐ。
→子音 f，子音 v，子音 y
○横に引きすぎを防ぐ。
→子音 w

❷顎：落としすぎている／ひろ気味／せま気味／狭すぎる

○落としすぎを防ぐ。
→子音 k，子音 g，子音 ng，子音 s，子音 z，子音 t，子音 d，子音 f，子音 v，
　子音 n，子音 m，子音 b，子音 p，子音 l，子音 r，子音 y，子音 w

❸舌：後舌気味／適切／前舌気味

○後舌気味を防ぐ。
→子音 s，子音 z，子音 t，子音 d，子音 f，子音 v，子音 l，子音 r，子音 y
○前舌気味を防ぐ。
→子音 k，子音 g，子音 ng，子音 w

❹軟口蓋：上がっている／適切／下がっている

○上がっている。
→子音 k，子音 g，子音 s，子音 z，子音 t，子音 d，子音 h，子音 f，子
　音 v，子音 b，子音 p，子音 l，子音 r
○調整する感覚を意識する。
→子音 ng，子音 n，子音 m

Part3　「発音力」を鍛える練習メニュー　**63**

❺表情筋：落ちている／適切／過緊張

○常に適切にする。
→手鏡などを使う。

❻喉頭（のど仏）の位置：高い／適切／低い

○常に適切にする。
→姿勢，呼吸，うなじの支え

One Point Advice

　声道の形状を調整しても響きが改善しない場合には，
○呼吸管理（姿勢・支え）
○声帯の振動（声門閉鎖）
を確認しましょう。
　あらゆる発声の不具合の原因は，

　「発声器官の3要素の連携がうまくいっていないことに由来する」

ことを常に覚えておきましょう。

01 子音k，子音（n）g

> **ねらい　軟口蓋が下がって不要に鼻に息が抜けてしまわないようにする**

　発語時に声帯が振動している子音のことを有声子音，発語時に声帯が振動しない子音のことを無声子音と呼びます。

　子音gは，子音kが有声化したものです。子音gもkも，舌や顎の構えは同じです。子音gでは発語時も声帯が振動していますが，子音kの発語時は声帯が振動しません。

　子音k，gは，共鳴の調節に役立つ子音です。軟口蓋が下がって不要に鼻に息が抜けてしまう場合にとても役に立ちます。

　子音ngは，いわゆる鼻濁音と呼ばれる子音で，子音nと子音gからできています。子音ngの特徴は，子音の前半（子音n）では鼻に息が抜けていますが，子音の後半（子音g）では軟口蓋が上がり，鼻に息が抜けなくなります。

　この特徴を生かして，正しい発声時の軟口蓋の位置を感じることができます。

Part3　「発音力」を鍛える練習メニュー　**65**

`トレーニング♪` **子音 k，子音 g のトレーニング**

❷顎：落としすぎを防ぐ。

❸舌：前舌気味を防ぐ。

❹軟口蓋：下がっていると発語できない。

　　Ka―Ki―Ku―Ke―Ko―（同じ音の高さで歌う）
　　Ga―Gi―Gu―Ge―Go―

`トレーニング♪` **子音 ng のトレーニング**

❷顎：落としすぎを防ぐ。

❸舌：前舌気味を防ぐ。

❹軟口蓋：調整する感覚（上げ下げ）を意識する。

　　nGa―nGi―nGu―nGe―nGo―（鼻濁音で）

　今取り組んでいる曲のうまくいかないフレーズをカ行，ガ行で歌うのもよいでしょう。

02 子音s，子音z

> **ねらい　母音のピントを合いやすくする**

　子音zは，子音sが有声化したものです。子音s，zも共鳴の調節に役立つ子音の1つです。舌先は下前歯の裏に，後舌部分は軟口蓋に接触しそうになるくらい持ち上がるため，子音k，gと同様に，子音s，zに続く母音のピントが合いやすくなります。

　特に子音zで発声練習をすると，唇や舌の不要な操作が制限され，声道内のバランスを感じられるようになります。

トレーニング♪ 子音s，子音zのトレーニング

❷顎：落としすぎを防ぐ。

❸舌：後舌気味を防ぐ。

❹軟口蓋：下がっていると発語できない。

　　Sa—Si—Su—Se—So—（同じ音の高さで歌う）
　　Za—Zi—Zu—Ze—Zo—

　今取り組んでいる曲のうまくいかないフレーズをサ行，ザ行で歌うのもよいでしょう。

Part3　「発音力」を鍛える練習メニュー　**67**

03 子音 t，子音 d

> **ねらい　舌が奥まってしまう場合の調整をする**

　子音 d は，子音 t が有声化したものです。つまり，子音 d では発語時も声帯が振動していますが，子音 t の発語時は声帯が振動しません。子音 t，d もまた，共鳴の調節に役立つ子音です。軟口蓋が下がって不要に鼻に息が抜けてしまう場合に，子音 t，d はとても役に立ちます。

　また，子音 t，d は舌先が前の方にいかないとしっかり発音できないため，舌が奥まってしまう場合の調整にうってつけです。

トレーニング♪　子音 t，子音 d のトレーニング

❷顎：落としすぎを防ぐ。
❸舌：後舌気味を防ぐ。
❹軟口蓋：下がっていると発語できない。

　Ta—Ti—Tu—Te—To—（同じ音の高さで歌う）
　Da—Di—Du—De—Do—

　今取り組んでいる曲のうまくいかないフレーズをタ行，ダ行で歌うのもよいでしょう。

68

04 子音h

> **ねらい　のど声を矯正する**

　声門摩擦音hは，声帯の接近の性質を決定する機能があります。子音hを発語するとき，歌いだしに先立って声門は開きます。したがって，子音hを利用することでのど声を矯正することができます。

トレーニング♪　子音hのトレーニング

❹軟口蓋：上がっている。

　Ha―Hi―Hu―He―Ho―（同じ音の高さで歌う）

　今取り組んでいる曲のうまくいかないフレーズをハ行で歌うのもよいでしょう。

Part3　「発音力」を鍛える練習メニュー　69

05　子音 f，子音 v

> **ねらい　適切な軟口蓋の位置を確認する**

　子音 v は，子音 f が有声化したものです。子音 v も f も，舌や顎の構えは
同じです。しかし，子音 v では発語時も声帯が振動していますが，子音 f の
発語時は声帯が振動しません。

　子音 f，v を発語するときは表情筋が自然に上がります。また，軟口蓋が
緩むと子音 f，v ともにうまく発音することができません。したがって子音
f，v を練習すると，適切な軟口蓋の位置を確認することができます。

トレーニング♪　子音 f，子音 v のトレーニング

❶唇：すぼめすぎを防ぐ。
❷顎：落としすぎを防ぐ。
❸舌：後舌気味を防ぐ。
❹軟口蓋：下がっていると発語できない。

　Fa—Fi—Fu—Fe—Fo—（同じ音の高さで歌う）
　Va—Vi—Vu—Ve—Vo—

　今取り組んでいる曲のうまくいかないフレーズをファ行，ヴァ行で歌うの
もよいでしょう。

06 子音n，子音m

> **ねらい　アッポッジョにおける胴体での支えを感じる**

　子音n，mは，ハミングとして曲の中で単独で使われます。ハミングのコツは表情筋を上げる，首の前を短く，後ろを長くする（うなじのアッポッジョ）ことです。

　子音n，mで練習すると，口が開いているときよりも空気の出口が狭まるため，アッポッジョにおける胴体での支えを感じやすくなります。

トレーニング♪ 子音n，子音mのトレーニング

❷顎：落としすぎを防ぐ。
❹軟口蓋：調整する感覚（上げ下げ）を意識する。
❺表情筋：落ちていると特に響きづらい。

　Na―Ni―Nu―Ne―No―（同じ音の高さで歌う）
　Ma―Mi―Mu―Me―Mo―

　今取り組んでいる曲のうまくいかないフレーズをナ行，マ行で歌うのもよいでしょう。

Part3　「発音力」を鍛える練習メニュー　71

07　子音b，子音p

> **ねらい　口の開けすぎを予防する**

　子音bは，子音pが有声化したものです。子音b，pは唇口内の空気圧が上昇します。子音b，pは唇の閉鎖によって生じるため，口を開けすぎる生徒にとっては口の開けすぎを予防する練習にもってこいの子音です。

　子音mとbとの違いは，子音mでは軟口蓋が下がって鼻に息が抜けていますが，子音bでは軟口蓋が上がって鼻に息が抜けません。

トレーニング♪　子音b，子音pのトレーニング

❷顎：落としすぎを防ぐ。
❹軟口蓋：下がっていると発語できない。

　Ba—Bi—Bu—Be—Bo—（同じ音の高さで歌う）
　Pa—Pi—Pu—Pe—Po—

　今取り組んでいる曲のうまくいかないフレーズをバ行，パ行で歌うのもよいでしょう。

08 子音l，子音r

> **ねらい　軟口蓋を持ち上げる感覚をつかむ**

　子音lは，舌の位置が子音nと似ていますが，子音lでは軟口蓋が持ち上がっています。軟口蓋が下がって鼻に息が抜けると子音nになってしまうので，子音lの練習をすると軟口蓋を持ち上げる感覚を意識することができます。

　イタリア語などのいわゆる巻舌の子音rは，安定した呼気，舌の脱力，口の開けすぎ，顎の落としすぎを防ぐなど，好ましい発声を身につけるのにちょうどいい子音です。鼻に息が抜けると巻舌の子音rを発音できないので軟口蓋を持ち上げる感覚もつかめます。

　他のいくつかの子音と同様，子音l，rも舌先が前の方にいかないとしっかり発音できないため，舌が奥まってしまう場合の調整にもうってつけです。

トレーニング♪　子音l，子音rのトレーニング

❷顎：落としすぎを防ぐ。
❸舌：後舌気味を防ぐ。
❹軟口蓋：下がっていると発語できない。
❺表情筋：落ちていると発語しづらい。

La—Li—Lu—Le—Lo—（同じ音の高さで歌う）
Ra—Ri—Ru—Re—Ro—

Part3　「発音力」を鍛える練習メニュー　73

09 半母音（子音 y，子音 w）

> **ねらい　声のフォーカス（適切な共鳴）を獲得する**

　子音 y は，母音 i が子音化したもので，半母音とも呼ばれます。子音 y は声のフォーカス（適切な共鳴）を獲得するのにとても有用な子音です。

　子音 y とその後に組み合わせた母音で発声練習をすることで，適切な舌の位置と，声が好ましく共鳴しているときの身体の感覚を意識することができます。

　子音 y は，軟口蓋が下がって不要に鼻に息が抜けてしまう場合に，とても役に立ちます。

　子音 y を発音しているときが一番軟口蓋が上がりやすく，表情筋も自然に持ち上がります。

　子音 y を母音に先行させても響きが改善しない場合は，母音 i が苦手な人と同様に「喉を開ける」ために「口を開けて」しまって子音 w が混じったような音になる人が多いです。

　また，子音 y で締めつけすぎて母音が潰れてしまう人もいます。いずれの場合も姿勢や呼吸によって「支え」を生み出す必要があります。

`トレーニング♪` **子音yのトレーニング**

❶唇：すぼめすぎを防ぐ。

❷顎：落としすぎを防ぐ。

❸舌：後舌気味を防ぐ。

Ya—Yi—Yu—Ye—Yo—（同じ音の高さで歌う）

　今取り組んでいる曲のうまくいかないフレーズをヤ行で歌うのもよいでしょう。

`トレーニング♪` **子音wのトレーニング**

❶唇：横に引きすぎを防ぐ。

❷顎：落としすぎを防ぐ。

❸舌：前舌気味を防ぐ。

Wa—Wi—Wu—We—Wo—（同じ音の高さで歌う）

　今取り組んでいる曲のうまくいかないフレーズをワ行で歌うのもよいでしょう。

Part3　「発音力」を鍛える練習メニュー　75

10　母音①

> ねらい　子音という「補助輪」を外して母音を磨く

　ここまで子音という「補助輪」を使って声がよく響くようにしてきました。ここでは仕上げに「補助輪」なしで母音を美しく響かせましょう。

トレーニング♪　母音 i のトレーニング

①今歌っている曲のフレーズを母音 i で歌う。
②うまく歌えない場合は任意の子音の「補助輪」をつけて響きを調整する。

「声道の形状に影響する６つのパーツ」と母音 i
　唇／顎／舌／軟口蓋／表情筋（頬の筋膜）／喉頭（のど仏）の位置

　母音 i を発音しているとき，唇は横に引かれ，舌は前舌に，顎の開きは狭くなります。
　母音 i は，一番軟口蓋が上がりやすく，表情筋も自然に持ち上がります。母音 i は５母音（あ，い，う，え，お）の中で口腔内のサイズは最小になるため，母音 i が響かない場合は，まず姿勢と呼吸を確認して喉頭の位置を確認しましょう。

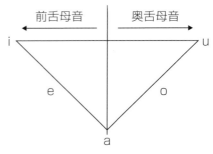

前舌母音・奥舌母音

トレーニング♪ **母音eのトレーニング**

①今歌っている曲のフレーズを母音eで歌う。

②うまく歌えない場合は任意の子音の「補助輪」をつけて響きを調整する。

「声道の形状に影響する6つのパーツ」と母音e

　唇／顎／舌／軟口蓋／表情筋（頬の筋膜）／喉頭（のど仏）の位置

　母音eは，得意な人と苦手な人が分かれる母音です。母音eが苦手な人は「のどを開ける」ために「顎を落として」しまって響かなくなってしまっています。「のどを開ける」ためには姿勢と呼吸を確認して喉頭の位置を確認しましょう。

　同様によく見られるのは，母音eを響かせようとして母音iに近づけてしまうやり方です。顎の開きを狭くするのではなく，表情筋を持ち上げましょう。

One Point Advice

　「支え」を感じずに母音を響かせようとして，母音を訛らせてはいけません。母音が歪んで平べったく聞こえる発声法は採用しないようにしましょう。「支え」を感じながら母音を美しく響かせるのが正攻法のやり方です。

Part3 「発音力」を鍛える練習メニュー　**77**

11 母音②

> **ねらい** 子音という「補助輪」を外して母音を磨く

トレーニング♪ 母音 a のトレーニング

①今歌っている曲のフレーズを母音 a で歌う。
②うまく歌えない場合は任意の子音の「補助輪」をつけて響きを調整する。

「声道の形状に影響する６つのパーツ」と母音 a
　唇／顎／舌／軟口蓋／表情筋（頬の筋膜）／喉頭（のど仏）の位置

　母音 a は，５母音（あ，い，う，え，お）の中で一番顎を落とす母音です。
そのせいもあり，母音 a は響きをつくるのが難しい母音でもあります。
　顎が落ちきらなければ，英語の母音 æ のような潰れた母音になったり，
母音 ə のような曖昧母音になったりしてしまいます。
　また，軟口蓋が下がって鼻に息が抜けたり，舌がくぼんだりすると母音 o
のように聞こえます。
　表情筋を持ち上げて美しい母音 a をつくりましょう。

78

トレーニング♪ **母音oのトレーニング**

①今歌っている曲のフレーズを母音oで歌う。
②うまく歌えない場合は任意の子音の「補助輪」をつけて響きを調整する。

「声道の形状に影響する6つのパーツ」と母音o
　唇／顎／舌／軟口蓋／表情筋（頬の筋膜）／喉頭（のど仏）の位置

　母音oは，5母音の中で母音uについで舌が奥に位置し，表情筋が下がりやすく，軟口蓋も落ち込みやすいため，暗くなりすぎ，共鳴していないように感じることが多いです。
　暗くなってしまうからと言って，口を開けっぴろげにしてしまうと母音aに似た能天気な母音になってしまいます。口を開けっぴろげにすると軽薄な印象になります。

トレーニング♪ **母音uのトレーニング**

①今歌っている曲のフレーズを母音uで歌う。
②うまく歌えない場合は任意の子音の「補助輪」をつけて響きを調整する。

「声道の形状に影響する6つのパーツ」と母音u
　唇／顎／舌／軟口蓋／表情筋（頬の筋膜）／喉頭（のど仏）の位置

　母音uは，5母音の中で最も舌が奥に位置し，表情筋が下がりやすく，軟口蓋も落ち込みやすいため，暗くなりすぎ，共鳴していないように感じることが多いです。
　共鳴を得ようとして舌の位置を前にずらすと，「ユ」のような訛った音になってしまうので気をつけましょう。

Part3 「発音力」を鍛える練習メニュー　79

Column

発声指導法研究をはじめたきっかけ（その2）

　発声指導者としてさらなる研究を重ねる必要を感じ，大学院での研究を志した2014年，自宅の本棚を整理したときに手にしたのがリチャード・ミラーの著書『歌い手と教師のための手引書』でした。

　『歌い手と教師のための手引書』は2009年の日本語版発売時に購入していたのですが，当時は一読した程度で，特に重要視していませんでした。
　私の指導者としてのスキルが低かったため，この本の内容の重要性に気づくことができなかったのです。

　入手から5年，改めて内容を読んでみると，当時筆者が発声指導の実践において悩んでいたことへのヒントがたくさん書かれていました。

　ミラーの功績は，西洋音楽における声楽教育の歴史の中で伝統的に行われてきた声楽教授法を現代の科学的見地から検証し，有益なものの科学的根拠を示し，疑似科学的なものに警鐘を鳴らしたことと言えます。

　筆者の大学院での研究では，ミラーの理論に基づき，中学生の合唱指導における発声指導法についての実践的な提案を行いました。

Part4

音楽をインプットする！

「音感・ソルフェージュ力」
を鍛える練習メニュー

00　イントロダクション

　皆さんは新曲に取り組むときに，どのように音をとっていきますか？
　パート練習だったり，聴き覚えだったりしませんか？
　聴き覚えで音をとることに慣れていると，「音感・ソルフェージュ力」をトレーニングすることはなかなかできません。
　この Part では，「楽譜を読み書きする力，楽譜の情報から脳内で音および音楽を思い浮かべる力」のことを「音感・ソルフェージュ力」と名づけ，その練習メニューを紹介していきます。

　ところで，なぜ「音感・ソルフェージュ力」を鍛えた方がよいのでしょうか？
　聴き覚えは一見，手軽で簡単です。一方，「音感・ソルフェージュ力」を鍛えるのは労力と時間がかかり，難しそうに感じる方が多いかと思います。にもかかわらず，筆者がなぜ「音感・ソルフェージュ力」を鍛えることをオススメするかと言うと，保険にたとえれば，聴き覚えは掛け捨て式の保険。「音感・ソルフェージュ力」を鍛えるのは積み立て式の保険だからです。

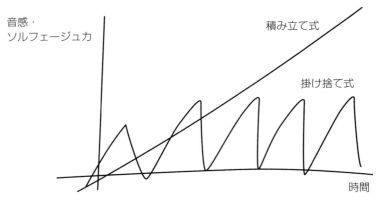

しかも，その掛け金は人生の時間，つまりあなたの命そのものです。

　聴き覚えは一見楽ですが，新しい曲に取り組むごとに，「人生の時間＝命」という掛け金を掛け捨てにしています。一方，「音感・ソルフェージュ力」を鍛えるのは一見大変そうですが，積み立て式に，トレーニングした時間に比例して楽譜が読めるようになり，「時短練習」が可能になります。

　「音感・ソルフェージュ力」を高めれば，生徒たちは今後の人生において，より深く音楽とかかわれるようになります。それは，生徒たちの人生がより豊かになることを意味しています。このことは，合唱コンクールで金賞をとることより，はるかに大切なことだと思います。

　学生時代にどんなに難しい曲を歌えるようになっても，掛け捨て式の聴き覚えでは，自分で譜読みができる読譜力が身につきません。

　読譜力が身につかなければ，学業・仕事が忙しくなったら合唱を続けられなくなってしまいます。そうなってしまっては，「生涯にわたって音楽を愛好しようとする思い」を育てているとは言えません。

　指導者の皆さんは，音楽活動の基礎的な能力である「音感・ソルフェージュ力」を高め，楽譜が読めるようにしてあげることが，生徒の今後の人生を豊かにすることにつながると信じて，目先の結果にとらわれず根気強く指導してあげてください。

One Point Advice

　聴き覚えは掛け捨て式。「音感・ソルフェージュ力」を鍛えるのは積み立て式。掛け金は「人生の時間＝命」。

　生徒たちの「音感・ソルフェージュ力」を高め，楽譜が読めるようにしてあげることは，生徒の今後の人生を豊かにすることです。

Part4　「音感・ソルフェージュ力」を鍛える練習メニュー　**83**

01　ドレミ読み

ねらい　「ドレミ」を読む力をつける

　では実際に「音感・ソルフェージュ力」を高めていきましょう。

　まずはじめにオススメするのは「ドレミ読み」です。
　ドレミ読みとは，音価やリズムは気にせずに，楽譜のドレミ（階名）だけ
を読む練習です。
　慣れるまでは「読み仮名」として，楽譜にドレミを書いてしまってOK
です。初心者や新入生が自分でドレミを楽譜に書けるようになることが合唱
団のレベルアップの第一歩です。

　根気強くトレーニングを続けるとだんだん読み仮名を書かなくても読める
音符が増えていきます。このようにだんだん楽譜が読めるようになっていき
ます。

エクササイズ♪ ## ドレミ読み

以下の階名を音高をつけずに読んでみましょう。

2度・7度
ドレミファソラシドレミファソラシドレミファソラシド
ドシラソファミレドシラソファミレドシラソファミレド

3度・6度
ドミソシレファラドミソシレファラドミソシレファラド
ドラファレシソミドラファレシソミドラファレシソミド

4度・5度
ドファシミラレソドファシミラレソドファシミラレソド
ドソレラミシファドソレラミシファドソレラミシファド

トレーニング♪ ## ドレミだけを読む

今歌っている合唱曲を音価やリズムは気にせずに，ドレミだけを読む練習
をしましょう。

Part4 「音感・ソルフェージュ力」を鍛える練習メニュー **85**

02 ドレミリズム読み

> **ねらい** 「ドレミ」を読む力をつける

　ドレミリズム読みは，ドレミでリズム読み（音高をつけずにリズムで読むこと）をする練習です。

トレーニング♪ タンやタタタンなどで，リズム読みをする

　今取り組んでいる曲で，いきなりドレミリズム読みをするのが難しければ，リズムを外して「ドレミ読み」（p.84）をしたり，ドレミでのリズム読みに先立って，リズムを「タン」や「ターン」「タタ」などで読んだりしてみましょう（必要があれば休符は「ウン」などで読みましょう）。

　というのも，「初見ができない」という場合，

①リズムが読めない。
②ドレミが読めない。
③音感が伴わない。
④発声が伴わない。

の４つの原因が考えられますが，意外に多いのが①です。

トレーニング♪ **今取り組んでいる曲で，ドレミリズム読みをする**

　まずは自分のパートを，次に他のパートもドレミリズム読みをして，読譜力を鍛えましょう。

One Point Advice

　ドレミが読めるようになり，リズムが読めるようになると，

「自分でキーボードで音とりができるようになる」

ので，実力 UP につながります。

　例えば，コンクールで歌う曲ならドレミを暗譜してしまうくらい歌い込み，弾き込んでください。それによってソルフェージュの力が高まり，リズムも音感も身につきます。

Part4 「音感・ソルフェージュ力」を鍛える練習メニュー　**87**

03 音階トレーニング①

> **ねらい　音感を磨く**

　楽譜を見て，ドレミをスムーズに読むことができても，音階が定着していないとうまく音をとれません。

　「ドレミファソラシド」を美しく歌うためには音高だけでなく，音色にも気をつけなければなりません。「ドレミファソラシド」を美しく歌うことで音感を磨きましょう。

　「ドレミファソラシド」は，以下のような子音と母音の組み合わせでできています。

○ド 子音d＋母音o

　子音dを丁寧に発語することによって，正しい舌の位置と軟口蓋の位置を意識することができます。

　母音oは表情筋が下がりやすいので注意が必要です。

○レ 子音r＋母音e

　子音rは必ずしも巻舌にする必要はありませんが，軟口蓋を持ち上げて子音nのようにならないようにしましょう。

　母音eが潰れてしまわないように気をつけましょう。

○ミ 子音m＋母音 i

　丁寧に発音することで，子音mから母音 i に移行するとき，軟口蓋を開け閉めする感覚をつかむことができます。表情筋が下がっていると輪郭がぼやけてしまいます。

○ファ 子音 f ＋母音 a

　表情筋が下がっていると，子音 f をうまく発語できません。また，母音 a も表情筋が下がっているとぶら下がってしまいます。はっきりと発音すると同時に，姿勢，呼吸，うなじの支えをしっかりと確認しましょう。

○ソ 子音 s ＋母音 o

　子音 s を発語するときも軟口蓋は閉じています。表情筋を持ち上げて軟口蓋が上がっている感覚を意識します。

　母音 o は表情筋が下がりやすいので注意が必要です。

○ラ 子音 l ＋母音 a

　子音 l が子音 n のようにならないように，軟口蓋と表情筋を意識する必要があります。

　母音 a は表情筋が下がっているとぶら下がってしまいます。

○シ 子音 s ＋母音 i ，または子音 t ＋母音 i

　子音 s を発語するときは軟口蓋が閉じています。表情筋を持ち上げて軟口蓋が上がっている感覚を意識します。ハンガリー式では ti と発音しますが，子音 t も同様です。母音 i がつぶれないようにしましょう。

　生理学的，音響学的に気をつけなければならないポイントを押さえながら次ページからの音階トレーニングで音感を磨きましょう。

Part4 「音感・ソルフェージュ力」を鍛える練習メニュー　89

04 音階トレーニング②

> **ねらい　音感を磨く**

　生理学的，音響学的に気をつけなければならないポイントを押さえながら様々な音階を歌って音感を磨きましょう。

トレーニング♪　音階を歌う

【全音階】
○長音階
　　ドレミファソラシドー
　　ドシラソファミレドー

○自然短音階
　　ラシドレミファソラー
　　ラソファミレドシラー

○和声短音階
　　ラシドレミファソ♯ラー
　　ラソ♯ファミレドシラー

○旋律短音階
　　ラシドレミファ♯ソ♯ラー
　　ラソファミレドシラー

90

【教会旋法】

○ドリア旋法
　　レミファソラシドレー
　　レドシラソファミレー

○フリギア旋法
　　ミファソラシドレミー
　　ミレドシラソファミー

○リディア旋法
　　ファソラシドレミファー
　　ファミレドシラソファー

○ミクソリディ旋法
　　ソラシドレミファソー
　　ソファミレドシラソー

○ロクリア旋法
　　シドレミファソラシー
　　シラソファミレドシー

【全音音階】
　　ドレミファ♯ソ♯シ♭ドー
　　ドシ♭ラ♭ファ♯ミレドー

【半音階】
　　ドド♯レレ♯ミファファ♯ソソ♯ラシ♭シドー
　　ドシシ♭ララ♭ソファ♯ファミミ♭レレ♭ドー

Part4 「音感・ソルフェージュ力」を鍛える練習メニュー　**91**

05　フォルマシオン・ミュジカル①

> **ねらい　初見力を鍛える**

　皆さんは「フォルマシオン・ミュジカル formation musicale」という言葉を聞いたことがありますか？

　フランス語の formation は，英語の formation の語源となった語ですが，フランス語では，「形成，構成」の意味の他，

　formation professionnelle 職業訓練
　formation permanente 生涯教育

などのように，「訓練，教育」という意味をもちます。

　したがって，フォルマシオン・ミュジカルの英訳は musical training，または music education となります。

　フォルマシオン・ミュジカルはフランスの音楽教育の考え方で，日本でのソルフェージュの学習は単独で行われることが比較的多いのですが，フォルマシオン・ミュジカルは，ソルフェージュ学習を楽曲と結びつけて行うものです。

　ここでは，合唱練習にソルフェージュを組み込むアイデアとして，今歌っている曲を使ってリズム読みや聴音，初見などを多角的にトレーニングするメニューを紹介します。今歌っている曲で勉強するので，その知識や経験をすぐコンクールや演奏会での演奏に活かし，理解を深める習慣もつけることができます。

トレーニング♪ 初見力を鍛える

○初見の段階から固定ド（必要があれば移動ドも併用する）でどんどん歌う。
○もうすでに譜読みが完了している曲を固定ド（必要があれば移動ドも併用
　する）で歌う。
○他パートを一緒に歌う。

トレーニング♪ オリジナルのソルフェージュ教材をつくる

　リズムや音程がとりづらい箇所は，その人にとっての「音感・ソルフェージュ力」を伸ばすことができる伸びしろです。
①今取り組んでいる曲の中の，リズムや音程がとりづらい箇所をピックアッ
　プする（丸で囲む，楽譜にしるしをつける，など）。
　現状でとりづらいリズムや音程の箇所をストック（写譜する，スマホなど
で撮影する）していくことで，その人にとってのオリジナルのソルフェージュ教材になります。
②ストックした音程がとりづらい箇所を，固定ド（必要があれば移動ドも併
　用する）で歌い込む。
　歌えるようになることで，別の曲で似たようなパターンが出てきたときに
歌いやすくなります。
→「音感・ソルフェージュ力」がアップ。

One Point Advice

　リズムや音程がとりづらい箇所が伸びしろであることを意識しないで，その曲を聴き覚えるだけだと，積み重ねにならず，「音感・ソルフェージュ力」はアップしません。

Part4 「音感・ソルフェージュ力」を鍛える練習メニュー

06 フォルマシオン・ミュジカル②

> **ねらい　楽典的内容を理解する**

　合唱部員も楽典（音楽理論）的な内容をしっかり学んでほしいところですが，なかなか音楽大学受験生のような勉強の仕方を合唱部員全員に強いるのは難しいというのが現状かと思います。

　そこで，本書では，

　「今取り組んでいる曲に出てきた楽典的内容について，全員がしっかりと理解する」

ということを目標にすることを，オススメしたいと思います。

トレーニング♪　今取り組んでいる曲に出た楽典的内容を理解する

○記譜法に関するものを学ぶ
　五線，音部記号，拍子記号，音符，休符，調号，臨時記号など

○演奏記号に関するものを学ぶ
　強弱記号，速度記号，発想記号，アーティキュレーション記号，反復記号，装飾記号など

○曲の中で楽語を覚える

○曲の中で和音を学ぶ
　長三和音
　短三和音
　増三和音
　減三和音

　根音
　第三音
　第五音

○曲の中で和声進行を学ぶ
　カデンツ
　アーメン終止
　ピカルディ終止
　ゼクエンツ

○非和声音を学ぶ

○作曲家について学ぶ
○音楽史について学ぶ
○歌詞・詩人について学ぶ

○テクスチャーについて学ぶ
　ポリフォニー：いくつかの声部からなる楽曲。またはそのような部分。
　ホモフォニー：最上声部が主旋律で，全声部がおよそ同じリズムで動く楽
　　　　　　　　曲。またはそのような部分。

07　フォルマシオン・ミュジカル③

> ## ねらい　聴く力を鍛える（聴音）

　皆さんは「聴音」と言うと，どういうものをイメージしますか。おそらく音楽大学の入学試験のために勉強するものをイメージするかと思います。

　合唱練習でいわゆる受験聴音のような時間をとるのは難しいかと思います。そこで，ここでは楽譜と実際に鳴っている音を照らし合わせて聴くことで，聴く力を鍛えるアイデアを紹介します。

トレーニング♪　楽譜と実際に鳴っている音を照らし合わせる

　全体練習で，他のパートが指摘を受けているときは，

・指摘されている内容

・他パートの歌唱状況

と，楽譜とを，照らし合わせながら聴く習慣をつけましょう。

トレーニング♪　間違い探し

①特定のパートの旋律を1つ取り出す。

②その旋律の一部分を，わざと間違えてピアノで弾く。

③生徒は，楽譜を見てそれを聴いて，間違いを指摘する。

| トレーニング♪ | **おうむ返し**

①教師が歌ったメロディー（模範唱）を生徒が，おうむ返しをする。

②教師は生徒の歌を聴いて，
・リズムを聴き取れているか
・メロディーを聴き取れているか
・ニュアンス（歌い方，強弱など）を聴き取れているか
などをチェックする。

③次に，教師は様々なニュアンスを変えて模範唱を行い，生徒がおうむ返し
をする。
ニュアンス（歌い方）として，
・スタッカートとレガート
・ダイナミクス（強弱）
・フレージング（息継ぎの位置）
などをチェックする。

Part4 「音感・ソルフェージュ力」を鍛える練習メニュー **97**

08 譜読みトレーニング

> **ねらい　自分で譜読みする力をつける**

　この Part の最後に「音感・ソルフェージュ力」を高め，自分で楽譜が読めるようになるための日々の習慣として取り組める自主練習メニューを紹介します。

トレーニング♪　読む力を鍛える

・音がとりづらいところ
・合唱練習で歌えなかったところ
を画像に撮って，スマホに入れておきます。

　スキマ時間に，
①ドレミを読む（口パクでも OK）。
②ドレミで（難しければタ・タ・タンで）リズム読みをする（口パクでも OK）。

　余裕があれば，
③キーボードアプリで弾いてみる。
→はじめはスムーズに弾けなくても OK，間違えたのが自分でわかるようになるまで弾き込むと自分のものになります。

トレーニング♪ **聴く力を鍛える**

①楽譜の PDF をスマホに入れておく。
②練習録音をスキマ時間に聴く。

　練習録音を聴くことは，練習中に指摘されたことが，客観的にどう聴こえているかを確かめる意味でとても大切です。楽譜の PDF をスマホに入れておくと，スマホがあればいつでも復習をすることができます。
　楽譜を見ながら練習録音を聴くことで，楽譜と実際の音を照らし合わせて聴く力を鍛えることができます。

O_{ne} P_{oint} A_{dvice}

　はじめから字が読める人がいないのと同じように，はじめから楽譜が読める人はいません。「音感・ソルフェージュ力」を高める練習は，目先の結果にとらわれず根気強く練習すれば，必ず効果が出ます。

　「人生，誰でも今日が一番若い」

　自分を信じて，今日から少しずつ楽譜を読む練習をしてみましょう。

Part4　「音感・ソルフェージュ力」を鍛える練習メニュー　99

Column

合唱4技能（聴く，歌う，読む，書く）のススメ

　レベルアップを目指したい指導者の皆さん，学生の皆さんは活動の中で，合唱4技能（聴く，歌う，読む，書く）のバランスのよい習得を目指してみてください。

　合唱4技能のうち「歌う」以外の技能を伸ばすとレベルアップにつながります。
　優れた学生団体は「聴く」が優れています。さらに音楽を学んでいる学生は「読む」「書く」も優れています。

　繰り返しになりますが，社会人になって合唱が続けられなくなる理由の1つに，「譜読みする時間がない」があります。したがって，学生のうちに自力で譜読みができるようになると合唱が続けやすくなります。

　自力で譜読みができるようになれば，ライフステージの中で一時的に合唱の優先順位が下がっても，やり繰りしながら続けやすくなります。

Part5

音楽を身体と一体化させる！

「リズム力」
を鍛える練習メニュー

01　遊びの中のリズム

ねらい　身体を使うことでリズムを体におとしこむ

　合唱のリズム練習がうまくいかない場合は，子どもの遊びのように手をつないで一緒に手をふったり，なわとびを一緒に回したりするとリズムを共有することができます。

エクササイズ♪　**遊びの中のリズム**

　じゃんけんやあっちむいてホイは，リズム感がないとできない遊びです。
○じゃんけん
→リズム感が悪いとじゃんけんになりません。
○あっちむいてホイ
→リズム感が悪いと負けてしまいます。

One Point Advice

　リズムがとれない場合の指導には，拍打ちやリズム打ち，歌いながら歩くなどの身体表現を取り入れます。拍やリズムを感じ取る力をつけましょう。拍打ちは，図形を覚えることで指揮の体験にもつながります。
　身体を使うことでリズムや拍を体感できるとともに，生徒がお互いのリズムをチェックし合うこともできます。

02 手拍子

> ねらい　手を使うことでリズムを体におとしこむ

　手拍子は身近ですぐ取り組める練習です。手を使うことで指揮の活動にもつながります。

エクササイズ♪　手拍子

　メトロノームを使って基準となるテンポに合わせて手拍子をしていきます。
○2人1組で，交互に「拍打ち」をする。
○3人以上のグループで，順番に「拍打ち」をする。

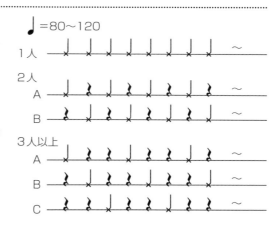

One Point Advice

　リズムがとれない生徒は，手拍子も弱く叩きがちです。まずは，しっかり手拍子を叩くところから始めましょう。

03　リズム打ち

> **ねらい　手を使うことでリズムを体におとしこむ**

　リズム打ちは，楽譜に書かれているリズムを手拍子で演奏します。

　音符の長さや休符も楽譜からしっかりと読み取りましょう。

　音符を「パン」，休符を「ウン」のようにあてた場合，「ウン」では両手を握ると手拍子との違いが明確になります。伸ばす音では音の長さ分だけ両手を広げましょう。

エクササイズ♪　リズム打ち

○2組に分けて1小節ずつリズム打ちをする。

トレーニング♪　リズム打ち

○1人1小節ずつリズム打ちをする。

One Point Advice

　リズムは，音楽の3要素であるリズム，メロディー，ハーモニーのうちの1つです。リズムを感じ取れるようになると，音楽を感じ取る力も高まります。

04 ステップ・スキップ

> ねらい　歩くことでリズムを体におとしこむ

　ステップ・スキップは，楽譜に書かれているリズムを足拍子（ステップやスキップ）で演奏します。

エクササイズ♪　ステップ・スキップ

　3連符と，16分音符の違いをステップやスキップで表現してみましょう。

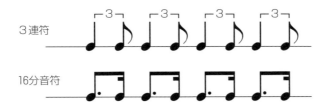

One Point Advice

　テンポが速くなる場合は，ステップやスキップの間隔（体の滞空時間）が短くなり，拍の長さを保つことができず，テンポも速くなってしまいます。滞空時間を長くとるようにすると，テンポが安定して，結果として歌い方も改善されるでしょう。

05　リズム打ちをしながら歌う

> **ねらい　手を使うことでリズムを体におとしこむ**

　リズム打ちに合わせて実際に歌うのも，とてもよい練習になります。例えば，フォルテでは手拍子も強く打ち，ピアノでは手拍子もソフトにします。軽やかな音楽のときは手拍子も軽く，重々しい音楽のときはしっかりと手拍子をしましょう。

　音楽の雰囲気を手拍子に反映させると，歌い方も変わってきます。この練習はリズムがとれる生徒もぜひ試してみてください。

エクササイズ♪　リズム打ちをしながら歌う

　リズムがとれない箇所のリズムを，リズム打ちしながら歌ってみましょう。

トレーニング♪　リズム打ちをしながら歌う

　先生のリズム打ちを完全にコピーしながら歌ってみましょう。

　テンポや強弱などのニュアンスも読み取ってリズム打ちをしながら歌いましょう。

06 ステップを踏みながら歌う

> **ねらい** 足を使うことでリズムを体におとしこむ

　足でリズム打ちをしながら，そのステップに合わせて実際に歌うのもとてもよい練習になります。例えば，フォルテでは足拍子も強く打ち，ピアノでは足拍子もソフトにします。軽やかな音楽のときは足拍子も軽く，重々しい音楽のときはしっかりと足拍子をしましょう。

　音楽の雰囲気を足拍子に反映させると，歌い方も変わってきます。この練習はリズムがとれる生徒もぜひ試してみてください。

エクササイズ♪　リズム打ちをしながら歌う

　リズムがとれない箇所のリズムで，ステップを踏みながら歌ってみましょう。

One Point Advice

　指導者が示すお手本は，そのまま学習者のリズム感と直結します。指導者自身が音楽を感じ取ってお手本を示さなければ練習の効果が弱まってしまうでしょう。

Part5 「リズム力」を鍛える練習メニュー　107

07 指揮をしながら歌う

> ねらい　指揮を体験することでリズムを体におとしこむ

　拍打ちに慣れてきたら，指揮の図形を覚えることで指揮にもつながります。指揮を体験することで指揮の見方もわかるようになっていきます。

エクササイズ♪　指揮をしながら歌う

基本的な指揮の図形を確認しましょう。

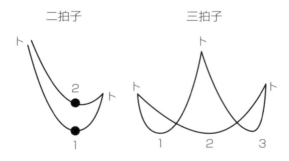

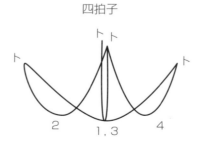

O_{ne} P_{oint} A_{dvice}

指揮法の基本は「右手は図形とテンポ，左手はそれ以外」です。

まずは右手だけで，それぞれの拍子を決まった図形で振りましょう。一般的に，テンポが速い曲では，拍までの速度は速く，拍での滞在時間は短くなります。それに対して，ゆったりした曲では，拍までの速度は遅く，拍での滞在時間も長くなります。

左手は，音楽のイメージ，強さ，音色，ニュアンスを思い描き，それを身振りによって演奏者に伝える手段として，アインザッツを出します。いかに指揮者が次に出る音をイメージしているかが左手の使い方のポイントになります。

トレーニング♪ 指揮をしながら歌う

①指揮者の先生の指揮を完全にコピーしながら歌う。

テンポや強弱，フレージングなどのニュアンスも読み取って指揮をしながら歌いましょう。

②次に，指揮者は意識的にテンポや強弱，フレージングなどのニュアンスを変えて指揮する。

Part5 「リズム力」を鍛える練習メニュー　109

Column

合唱人が発声を学ぶための９つの黄金律

1. 自分にとっての自然な声を見つけましょう。

2. 声という楽器の仕組みを理解しましょう。

3. すべての音域がなめらかにつながるようにしましょう。

4. よい響きを聴き分けられる音楽的な耳を持ちましょう。

5. 習ったことを盲信せず，常に批評的でいましょう。

6. 低音や高音はゆっくり伸ばしましょう。

7. 練習やレッスンは録音しましょう。

8. 最終的には，自分をレッスンできるようになりましょう。

9. 一番大切なことは辛抱強いことです。

Part6

音楽でコミュニケーション！
「表現力」
を鍛える練習メニュー

00 イントロダクション

　例えば，オペラ，ミュージカル，演劇の世界では，稽古の初期段階から一人ひとりが台本を読み込み，内容や設定を頭に入れてこないと稽古になりません。

　オペラ歌手や俳優は，言葉のニュアンスから，感情表現を探るところまである程度準備をしてきたうえで，共演者や演出家からインスピレーションを受けて役を深めていきます。

　一方，合唱の世界ではどうでしょう。

　多くの場合，上記のような「事前の準備」というよりは，

　「事前に音をとってきてください」

と言われるくらいではないでしょうか。

　合唱における「表現力」は，

①音楽の表現力

②言葉の表現力

の２つが組み合わさって成立しています。

　したがって，合唱における「表現力」を鍛える練習メニューも，

「言葉と音楽の結びつきを読み取る」

ことに立脚します。

このような詩を読み，楽譜の情報（リズム，メロディー，ハーモニー，ほか）とすり合わせる作業が「アナリーゼ＝楽曲分析」です。

　アナリーゼ（楽曲分析）とは，「楽曲がどのようにつくられているか」を分析することを指します。楽曲の仕組みを学ぶことで，作曲家が楽譜に託した「表現されるべきもの」を，楽譜から読み取ることができるようになります。

　コンクールなどで，楽譜通り演奏できていてテクニックも申し分ないのに，一本調子で物足りないという演奏を聴くことがあります。

　一本調子に聴こえる要因としては，
・強弱のレンジの狭さ
・音色の単一化
・アゴーギクが効かない
・「フレージング」「アーティキュレーション」への無関心
などが挙げられます。

　いずれもアナリーゼが不十分で，作曲家が楽譜に託した「表現されるべきもの」を，楽譜から読み取ることができていないということが原因だと考えられます。

Part6　「表現力」を鍛える練習メニュー　113

01 アナリーゼ

> **ねらい　楽曲を分析して演奏に活かす**

　アナリーゼ（楽曲分析）とは，「楽曲がどのようにつくられているか」を分析することを指します。楽曲の仕組みを学ぶことで，作曲家が楽譜に託した「表現されるべきもの」を，楽譜から読み取ることができるようになります。

　歌の場合，詩を読み，楽譜の情報（リズム，メロディー，ハーモニー，ほか）とすり合わせる作業が「アナリーゼ」です。

トレーニング♪　言葉と音楽の結びつきを読み取る

　言葉と音楽的なフレーズとの関係にかかわる要素には，以下のものがあります。

【言葉の特性】
・言葉の抑揚
・アクセント
・リズム
・子音・母音の扱い
・言語のもつ音質
・語感
　　など。

【音楽の特性】

・リズム
・メロディー
・ハーモニー
　など。

　アナリーゼのコツですが，言葉の特性と，作曲家があてた音楽の特性をすり合わせながら楽譜を読み込みましょう。

○繰り返しを比較する。
→例えば，１番と２番で違いがないかを分析する。

○部分分けをする。
→詩の段落，和声感，フレーズなどから，部分に分けて，それぞれの部分の特徴や，部分と部分のつながりを読み取る。

One Point Advice

　アナリーゼを実際の合唱演奏に活かすために必要なこととは，何でしょうか。

　筆者は，アナリーゼで読み取った「表現されるべきもの」を，実現できる声をつくりだすためにはどうすればよいかを考えるところまでが，合唱におけるアナリーゼだと考えています。

　今もっている技術にとどまらず，「表現されるべきもの」を実現するためにはどのような技術が必要かを考えてみましょう。

Part6　「表現力」を鍛える練習メニュー　**115**

02 フレーズ読み

> ねらい　言葉と音楽を身体に染み込ませる

　合唱練習法の一つに「リズム読み」という練習法があります。

　一般的には譜読みの段階で，ただ単に楽譜に書いてあるリズムで歌詞を読む練習のことを指します。

　本書では，もっと効率的で実際の歌唱と結びつきやすいリズム読みの練習法として，フレーズで読む練習，「フレーズ読み」を提案します。

トレーニング♪　**フレーズ読み**

　フレーズ読みは，楽譜に書かれている情報のうち音の高さだけを外して，歌詞を読む練習法です。

　楽譜から音高を外して，ニュアンス，強弱，抑揚，語感，リズム，テンポを感じながらリズム読みしていきます。

　フレーズを読む練習は呼吸や「支え」，共鳴の練習と連動させて行います。

　フレーズ読みは，言葉と音楽的なフレーズとの関係を身体に染み込ませることを目的としています。具体的には言葉の発音，アクセントの位置と拍子の関係を必要に応じて指揮を振りながら確認していきます。

　そのテキストを心から発したときの身体の感覚を感じながら，フレーズをつくっていきます。そうすれば，あとは音をつけるだけです。

①言葉の抑揚

通常のリズム読みでは，ともすればお経のようになってしまうことがあります。フレーズ読みでは記譜上の音の高さから離れ，言葉の抑揚を重視しながらリズムで読んでいきます。

②言語のもつ音質

例えば，英語と日本語では t や k の子音の強さが異なります。「わたしは」と言うときの「わ」と「は」を比べると，「わ」の方が「は」より口を開けて発音するため音質が異なります。

③語感

同じ「ありがとう」でも消しゴムを拾ってもらったときの「ありがとう」と，お財布を拾ってもらったときの「ありがとう」は語感が違います。

フレーズ読みの最終目標は，感情を伝達することです。うわのそらなリズム読みでは，効率的に言葉と音楽的なフレーズの結びつきを身体に染み込ませることができません。

One Point Advice

フレーズ読みで一番気をつけなければならないのは「できているつもり」です。フレーズ読みをお互いに聴き合ったり録音したりして，読み方が感情を伝達しているか，常にチェックしましょう。

Part6 「表現力」を鍛える練習メニュー　117

03 フレージング

> **ねらい　一つひとつの音符を十分に引き伸ばす**

　歌う前に，どこからどこまでを一つのフレーズとして歌うかを考える必要があります。

　これを「フレージング」と言います。

　楽譜に書かれているスラーは参考になりますが，スラーがない場合にも，フレージングはする必要があります。そして，心の中で歌ってみます。フレーズを思い描くのです。

　フレージングとは，音節＝シラブルではなく，句＝フレーズを歌うことです。音符と音符の間を歌うためには，一つひとつの音符を十分に引き伸ばししっかりとつなぐ必要があります。

　例えば，文科省唱歌「故郷」（高野辰之作詞・岡野貞一作曲）であれば，

　う，さ，ぎ

というようにブツブツ切る「シラブル歌い」ではなく，

　うーさーぎー

のように，ひらがな一つひとつの間に伸ばし棒を書いたようなレガート＝「フレーズ歌い」をしなければいけません。これをどこからどこまでを一つのフレーズとして考えるかがフレージングです。

118

フレージングに似た概念として「アーティキュレーション」という概念があります。

アーティキュレーションとはもともと弦楽器の弓使いを指します。弦楽器の弓使いは，歌で言えば息づかいということになります。

アーティキュレーションは音符に記されているテヌートやスタッカート，アクセントやスラーなどで表されます。また，歌詞のニュアンスなどからもアーティキュレーションを導くことができます。

したがって，フレージングが複数の音＝句に対応するのに対して，アーティキュレーションはもっと少ない音＝音節，単語に対応します。

よい合唱指導者ほど，一つの楽譜からたくさんのフレージングとアーティキュレーションを引き出します。あの手この手で練習することで，同じ曲をコンクールシーズンを通して，様々に楽しく練習するので合唱団員も飽きることがありません。

フレージングが森であるなら，アーティキュレーションは木々です。木を見て森を見ずということにならないように，アーティキュレーションをこねくり回した結果，フレージングが台無しになってはいけません。常にマクロとミクロの視点のバランスをとりましょう。

トレーニング♪ フレージング研究

今取り組んでいる曲のすべてのフレーズのフレージングを研究しましょう。

「ワンフレーズたりとも，フレージングの吟味されていないフレーズがないように」

しましょう。

Part6 「表現力」を鍛える練習メニュー　119

04 うまい人を観察する

> **ねらい　うまい人を観察してよいところを吸収する**

　合唱練習において，生徒は指導者から学ぶだけでなく，生徒同士で学ぶものです。

　自分の周りのうまい人を常に観察することは，「表現力」を鍛える練習の中で最も有効な練習メニューだと考えられます。

トレーニング♪　自分の周りのうまい人を常に観察する

　自分の周りのうまい人を常に観察しましょう。

・歌い方，歌唱姿勢
・顔の表情
・口の開け方
・息の吸い方，タイミング
・練習中の佇まい，発言
→観察してよいところを吸収しようとするのが一番の練習になります。

【歌がうまい人の特徴〜発声編〜】
①どういう声が「よい声」か，わかっている。
②その声を出すための身体（楽器）の使い方が，わかっている。
③どの場面でその声を使うかが，わかっている。

【歌がうまい人の特徴～心がけ編～】

①誰よりも早く音をとっている。

　うまい人は誰よりも早く音をとっています。

　楽譜が読めるということ以上に，「誰よりも早く音をとるという熱意がある」とも言えます。

②独りよがりにならない。

　歌はコミュニケーションです。歌って自分が気持ちよくなるだけであれば，それは独りよがりです。

　うまい人は，「どう歌ったら，聴いている人に伝わるか？」を常に意識しています。大切なのは，「上手下手ではなく，伝えたいものがあるかどうか」です。

One Point Advice

　指導者から見て「この生徒はいいな」と思った生徒については，全員の前で褒めてみましょう。生徒は，自然にその生徒を手本に，真似をするようになるでしょう。

Part6　「表現力」を鍛える練習メニュー　121

05 練習プロセスを見直す

> ねらい 「技術」と「表現」を一体のものにする

　単に「熱い表現をする」「一音入魂」というと，発声が崩れてメロディーがうねったり，ハーモニーが揺れたり，リズムが乱れたりという方向にも陥りやすく，アンサンブルコンテストやコンクールなどでも，「客観性を欠いた演奏」と評価されやすくなります。

　「心は熱く，頭はクールに」

　当然のことながら，すべての合唱表現は，相応の技術が伴うことで実現されます。

　「美しいヴィブラートを伴ったレガート」
　「そろった発語による歌いだし」
　「正確なリズム」
　「自在にコントロールされた強弱」

など技術的な要素に着目することで，音楽に感情，表情，情感を出すことが可能となります。
　「技術」と「表現」とは，「両立させるもの」という以前に，そもそも一体のものだと考えられます。

122

トレーニング♪ 「技術と表現は一体」という観点から課題を洗いだす

　今練習している曲の中で，「技術」と「表現」とは「両立させるもの」と錯覚している箇所を洗いだし，「技術」と「表現」とは「両立させるもの」という以前に，そもそも一体のもの，という観点から課題を洗いだしましょう。

　「音とり」を終えたら「表現」を始めるのではありません。
　「技術」と「表現」とは「両立させるもの」という以前に，そもそも一体のものだということは，
○パート練習では「技術」をつけ，先生の練習で「表現」をつける。
○「音とり」を終えたら「表現」を始める。
という練習プロセスが二度手間であり，見直す必要があるということです。

トレーニング♪ 練習プロセスを見直す

　練習の初期段階（リズム読み→ドレミで歌う）から，常に技術的な要素に着目することで，音楽に感情，表情，情感をもたせるようにしましょう。

　チェックポイントは，次の通りです。
・音高
・音色
・強弱
・リズム
・メロディー
・ハーモニー
　など。

Part6 「表現力」を鍛える練習メニュー　123

Column

合唱コンクールあれやこれや

　ここでは，あくまでも筆者の主観という前提で筆者が合唱コンクールについて感じていることをお伝えします。

○県大会から支部大会にかけて
・出だしをきちんと演奏する。
　最初の印象が重要。それをひっくり返すのは至難の業です。出だしでミスをすると演奏者の緊張が切れるという面もあります。
・人数が多ければよいというものでもない。
　よい音楽をしていても，一人ひとりがしっかりと歌えていないとコンクールという場ではなかなか厳しいです。
　「ホールで美しい和音を隅々まで鳴り響かすことができる楽器」が必須です。
　現状，県大会，支部大会では残念ながら「発声の勝負」になってしまっている面があります。つまり，指導者に発声指導の技能が不足していると音楽表現につながらないということです。
○全国大会～筆者が考える「キーワード」
・作品を自分たちのものとして，どれだけ表現できるか？
・言葉と音楽を，歌声を通して何をどう伝えるか？
・なぜこの曲を今演奏するのか？　何を伝えたいのか？
○一番大切なことは「過程にはこだわるが，結果に一喜一憂しない」
　指導者にできることは，合唱コンクールで賞をとれるかを心配することではなく，指導者が学び続け，目の前の生徒たちに技術面でもコミュニケーションの面でも常に最高の指導を行うことだけだと筆者は考えています。

Part7

他者とつながる！

「聴く・かかわる力」
を鍛える練習メニュー

01 ユニゾントレーニング

> **ねらい　美しいユニゾンを生み出す**

　美しいハーモニーをつくり出すためには，同一パート内のユニゾンがそろっていることが前提となります。

　美しいユニゾンを生み出すためには，耳をすましながら，

【音の3要素】
・音高
・音色
・音量

を調節していく必要があります。

エクササイズ♪　曲の各声部を，それぞれ全員でユニゾンで歌う

　音の3要素を調節しながら，その瞬間に鳴っている音に耳をすまし，今取り組んでいる曲の各声部を，ユニゾンで歌います。

トレーニング♪　音の高さを保ってロングトーンの練習をする

○各種ハミング（子音m，子音n，子音ng）や，母音で行う。
→「声道の形状に影響する6つのパーツ」（p.60）を意識する。
→特に表情筋が下がらないように注意する。

126

○正しい姿勢や呼吸管理，うなじの支えを意識する。

○耳をすましてユニゾンの美しさを感じる。

○適宜カンニングブレス（目立たないように，交互に息継ぎをすること）を
　してよい。

　うまくいかないときの裏ワザですが，チューナーはきっかけを与えるコミ
ュニケーションツールとして使えます。音高について，発声のアプローチや
耳を使うアプローチをしても，いまいち効果が出ないときに，チューナーを
使うことで劇的に改善することがあります。

トレーニング♪ **音色を聴き分ける**

①4〜5人ずつのグループをつくる。1人リーダーを決める。
②目をつぶって，母音aで，同じ音の高さで歌う。
③リーダーは歌いながら，母音を変える。
④ほかの人はリーダーの母音に合わせる。
→母音の区別を聴き分ける＝音色を聴き分ける。
⑤順番にリーダーを変えていく。

Part7　「聴く・かかわる力」を鍛える練習メニュー　**127**

02　サウンドを構築する①「聴く」

> **ねらい　耳を使って美しいサウンドを構築する**

　まずは指導者が「よい耳」を持つことが大切です。ハーモニーのずれや，好ましいサウンドが生まれない原因は複数あり，それぞれ個別の原因に対して丁寧にアプローチしなければサウンドを改善することはできません。

　指導の現場では，例えば一口に「サウンドがよくない」と言っても，音高 pitch やイントネーション intonation の問題なのか，単純に音程 interval の問題なのか，母音の音色 tone の問題なのか，原因は様々です。鳴るべき和音を把握していなかったり，強弱 dynamics の問題でハーモニーがバランス悪く聴こえたりする場合もあります。

　サウンドを整えるための練習メニューとして，次のようなものがあります。

トレーニング♪　母音の発音を修正する

　母音の音色が鳴るべき和音にマッチしていないとあまりよくハモりません。

トレーニング♪　実際にハモって聴かせる

　指導者が合唱の中に入って，実際にデモンストレーションします。母音の音色や，音高，強弱を変えて歌ってみせて，より適切な響きを示します。

トレーニング♪　担当する人を変えてみる

　適所適材という観点で，音域や母音の得意，不得意の都合で声のコントロールがうまくいかないときは，その声部を担当する人を変えてみるとうまくいくこともあります。

トレーニング♪　声部の人数を調節する

　曲の都合で和音のバランスや音色を個人レベルで調整するのがどうしても難しい場合は，声部の人数を調節するのも有効です。

トレーニング♪　難しいパートを全員で歌う

　音がとれていないパートがあったら，その部分を全員で歌ってみましょう。その結果もともと歌っているパートの人も音をとれるようになったり，ほかのパートもそのパートをよりしっかり聴くことができるようになったりして，よりハモりやすくなります。

One Point Advice

　歌っているメンバー全員が，周りとかかわりながら，自分と他者の歌声をしっかりと聴き取り，歌えるようにしましょう。

Part7　「聴く・かかわる力」を鍛える練習メニュー　129

03　サウンドを構築する②「かかわる」

> **ねらい**　他者とのかかわりの中でサウンドを構築する

「もっと聴いて，周りとかかわって」

　よいサウンドや，よい音楽のニュアンスが生まれていないとき，頑張りすぎていたり，余裕がなかったり，うちにこもりがちだったりするときは，この言葉がけが有効です。

　耳が開いた状態になると，周りと自分のかかわりに意識が向き，ハーモニーや音楽のニュアンスに意識が向き，発声も改善しやすくなります。

トレーニング♪　コピー・トレーニング

①4～5人ずつのグループをつくる。1人リーダーを決める。

②リーダーは少ししっかりめに歌う。

③ほかの人はリーダーの歌い方をコピーする。

→音高，音色，フレージング，アーティキュレーション，ニュアンスなどを
　共有する。

④順番にリーダーを変えていく。

| トレーニング♪ | **ネウマトレーニング**

「ネウマ νευμα」とはギリシャ語で「身振り・手振り」を表す語です。そこから転じて，旋律の抑揚をメモするために曲線や直線を用いるようになった記譜法もまた「ネウマ」と呼ぶようになり，現代の記譜法のもととなりました。

①4〜5人ずつのグループをつくる。1人リーダーを決める。
②リーダーは身振り・手振りを加えながら，少ししっかりめに歌う。
③ほかの人はリーダーの身振り・手振りと歌い方を真似る。
→音高，音色，フレージング，アーティキュレーション，ニュアンスなどを共有する。
④順番にリーダーを変えていく。

O_{ne} P_{oint} A_{dvice}

うまくいかないときは，以下のような心理的要因で，かかわることができない状態になっていることがあります。

・おっかなびっくり，合わせようとしすぎて低い。
・自分は合っていると思い込んでいる→聴いていない。

Part7 「聴く・かかわる力」を鍛える練習メニュー　131

04 立ち位置の工夫

> **ねらい　一人ひとりがしっかり歌えるようにする**

　立ち位置を工夫することで，サウンドの構築やハーモニーの洗練によい影響を与えることができます。例えば，次のようなメリットがあります。

① 一人ひとりがしっかりと歌えるようになる。

② 他者の存在を意識するようになる（結果としての身体へのアプローチ：姿勢・表情など）。

③ 気分転換になる。

→意外に「効果大」です。

トレーニング♪　向かい合い，目を合わせて歌う

　ミュージカルの主人公同士のように，2人で向かい合い，目を合わせて目を逸らさないようにしながら歌います。発声も安定します。緊張しすぎると呼吸が浅くなったり，まばたきをしすぎて表情筋の位置に影響が出たりするので注意しましょう。

トレーニング♪　シャッフルトレーニング

　合唱団員の並びをパート別ではなくバラバラにして歌います。並びをバラバラにしても，一人ひとりがしっかり歌えるようにするためのトレーニングです。いつもより他パートの音が聴きやすくなります。他パートにつられないようにしたり，ハモりのずれを改善したりしましょう。

トレーニング♪ 他者の存在を意識する

　向かい合ったり，パートや全体で輪になったりして，お互いの姿を見合うようにします。それによって，歌うのに必要な歌唱時の姿勢や表情をお互いに意識することができます。自分が出している声や音高に気を取られて周りを意識できていないと，ハモリが悪くなります。

　ハモリがよくなるのは，ただ単に聴く力の問題ではなく，発声が安定することで余裕をもって聴くことができることも理由の一つだと考えられます。

トレーニング♪ 気分転換

　ハーモニー練習やサウンドの調整は「煮詰まりやすい練習」でもあります。練習が煮詰まってきたら，合唱団員の並び方を変えてみましょう。極端な話，それだけで気分転換になって集中力が増し，ハーモニーやサウンドが改善することがあります。

One Point Advice

　ホールによって，舞台での並び方のコツが異なるものです。
　意識したいポイントは以下の3つです。
①舞台全体に広がるのか，中央に集まるのか。
②後方に並んで反響板を利用するのか。
③前方に並んでダイレクトなサウンドを客席に飛ばすのか。

　学校によっては，本番のホールを貸し切って練習する学校があるほど並び方は重要です。

Part7 「聴く・かかわる力」を鍛える練習メニュー　133

05 言葉がけの工夫

> **ねらい　生徒が取り組みたくなるような気持ちにさせる**

　「聴く・かかわる力」すなわち，他者とつながる力を高めるためには，合唱練習で使う言葉がけを工夫することが大切です。

　例えば，どんなに正論を言っていても，

　「あなたの言っていることはわかるけれど，あなたのことが気に入らないのであなたの言うことは聞きたくありません」

となってしまっては元も子もありません。

①アンサンブルは「一緒に」という意味

　アンサンブル ensemble とは，フランス語で「一緒に」（英語の together）という意味です。

　「一度しかない，今そのステージで，今そのメンバーでしかできない演奏を追求している。そして，そのことを，メンバー全員がそれぞれ，メンバー全員に心から感謝している」

　そういうアンサンブルの演奏が，聴き手の心をゆさぶるのだと思います。

②理想の演奏から現状を引いた差ではなく，今日の練習で改善できた和を見
ること

　コンクールが近づけば近づくほど，「できていないこと」に目が向きがち
になるものです。そういうときほど，「今日できるようになったこと」に目
を向けてみましょう。

③北風と太陽

　何事もそうですが，無理にやらせるより，進んでやりたくなるように環境
を準備していく方が，はるかによい結果が得られるものです。

　指導者は，生徒に無理にやらせる方法よりも，生徒がやりたくなるような
方法を探しましょう。

④否定形を使わないこと

　同じことを伝えていても，

　「～しないで」
　「～してみよう」

ではまるで印象が違います。

One Point Advice

　練習で使う言葉がけを工夫してみましょう。

Part7　「聴く・かかわる力」を鍛える練習メニュー　**135**

06 言葉がけの見直し

ねらい　確かな情報を与える

　一見「それっぽい言葉がけ」でも，効果が出ない，うまくいかないものもあります。合唱指導についての確かな情報を得て，言葉がけを見直しましょう。

①「リラックス」「脱力」

　「リラックス」という言葉は便利ですし，「リラックスするな」という合唱指導者はあまりいないように思います。

　しかし，「支え」＝「歌うのに必要な筋肉の緊張」なので，過度な「リラックス」は「支え」の不足につながりやすく，それは「力み」＝「歌うのに不要な筋肉の緊張」を生じさせます。

　「リラックス」「脱力」と言っても「力み」を取り除くことはできません。「力を抜きなさい，リラックス」というような言葉がけを乱発してしまうと，「支え」がなくなり，結果として堂々めぐりになってしまいます。

②「君たちのホンキを見せてくれ！」

　もちろん，合唱練習において励ましは必要です。最後の決めどころ（例えば，コンクール演奏前の直前リハーサルなど）で，このタイプの励ましが絶大な効果を発揮する場面があると思います。

　しかし，このタイプの言葉がけも，はじめのうちはよいかもしれませんが，乱発すると効果がなくなってしまいます。声を出すにも技術がなければ限界があるのです。

136

何度も何度も「ホンキを見せてくれ」「君たちのホンキはそんなものか？」「どうした。それがホンキか？」などと繰り返せば，いつか打ち止めとなってしまいます。あとは「ホンキが足りない」「なぜホンキになれないんだ？」などの「押し問答」となってしまいます。

トレーニング♪ **確かな情報を得た言葉がけ**

「力まないで！」
「リラックスして！」
↓
「力んでしまうのは，歌うのに必要な力がかかっていないからだよ！」
「各自，支えを確認して！」

「ホンキが足りない！」
「なぜホンキになれないんだ！」
↓
「発声の仕方を工夫してみよう。どうやったらもっと声が出るかな？」
「発声という技術を駆使して，聴いている人に想いや気持ちが伝わるようにしよう！」

One Point Advice

　合唱指導についての確かな情報を得て，言葉がけを見直しましょう。

Part7　「聴く・かかわる力」を鍛える練習メニュー　**137**

Column

「長時間練習」の温床になる，合唱指導者の指導

○指導者の話が長い（説明しすぎている）。

○特定のパートばかりが注意・指導を受けていて，他のパートが待たされる時間が長い。

○指導内容が理不尽で厳しい。結果として生徒が「やらされている感」を感じている。

○指導が「ダメ出し」ばかりで，「どうしたらよくなるか？」の提案がない。

→人の振り見て我が振り直せ。他山の石としましょう。

Appendix1

21連発！

発声のトラブル
すっきり解決メニュー

00　イントロダクション

　巻末付録として，実際の合唱練習で頻繁に出会う発声のトラブルを全21挙げています。それぞれのトラブルメニューに対して，「診断と解決策」および「対応する練習メニュー」を掲載しています。

診断と解決策

　発声器官の3要素（呼吸，声帯の振動，共鳴，以下「3要素」と示す）の連携＝アッポッジョの観点から，発声のトラブルメニューを診断し，解決策を提示します。

対応する練習メニュー

　診断と解決策をもとに，発声のトラブルに対応する練習メニューを処方します。使い方は，次の通りです。

①辞書的に使う

　それぞれの発声のトラブルに対して，「診断と解決策」および「対応する練習メニュー」を掲載していますので，実際の合唱練習での発声のトラブルシューティングに，辞書的に使用することができます。

②練習問題として使う

　トラブルから診断と解決策，練習メニューを考えることで，発声指導の練習問題として使うことができます。いずれも実際の合唱練習で頻繁に出会う発声のトラブルばかりですので，きわめて有効かつ，実践的なトレーニングになるでしょう。

発声診断カルテ

発声器官の３要素にもとづいた発声診断項目と，対応する練習メニュー

【呼吸】
〇姿勢・支え
❶姿勢
　　緩い　／　適切　／　過緊張
❷支え（吸気筋：首や肩／肋骨／横隔膜の緊張）
　　緩い　／　適切　／　過緊張
対応する練習メニュー→

【声帯の振動】
〇声門閉鎖（声帯の接近）
　　緩い　／　適切　／　強い
対応する練習メニュー→

【共鳴】声道の形状に影響する６つのパーツ
〇様々な声道の配置
❶唇
　　すぼめている　／　横に引いている
❷顎
　　落としすぎている　／　ひろ気味　／　せま気味　／　狭すぎる
❸舌
　　後舌気味　／　適切　／　前舌気味
❹軟口蓋
　　上がっている　／　適切　／　下がっている
❺表情筋
　　落ちている　／　適切　／　過緊張
❻喉頭（のど仏）の位置
　　高い　／　適切　／　低い
対応する練習メニュー→

Appendix1　発声のトラブルすっきり解決メニュー　141

01　息もれ声

診断と解決策

【呼吸】姿勢：緩い／支え：緩い
【声帯の振動】声門閉鎖（声帯の接近）：緩い
【共鳴】様々な声道の配置

　「のどを開ける」ことを誤解して，声門閉鎖を弱めすぎてしまったり，息を吐きすぎてしまったりすることが「息もれ声」の原因です。
　息を吐きすぎている人には，以下の特徴が見られます。
①胸郭が落ちている（姿勢が悪い）。
②吸気筋群の緊張が足りない（保持できていない）。
　このとき，胸郭はため息をつくときのように上下に動きます。この動きは鎖骨呼吸と呼ばれます。「息もれ声」を解決しようとして誤った対症療法を行ってしまうと，「ふくろう声」「鼻声」（p.158，159）などの新たな症状が生じてしまうので注意が必要です。
　肺からの呼気をコントロールする方法は以下の2つです。
①声門閉鎖を強めて呼気をせき止める。
②肺が収縮する速度を落とす。
　いわゆる「腹式呼吸」をしようとして腹踊りのような動きをしても「息もれ声」は悪化するだけです。3要素を連携する練習をしましょう。

対応する練習メニュー

　Part2　01．02．03．04．

02　ブレスが短い

診断と解決策

【呼吸】姿勢：緩い／支え：緩い
【声帯の振動】声門閉鎖（声帯の接近）：緩い
【共鳴】様々な声道の配置

　「ブレスが短い」問題の一番の原因は、「息もれ声」（p.142）と同じく「のどを開ける」ことを誤解して、声帯の抵抗を弱めすぎてしまい、息を吐きすぎてしまうことです。

　このときもやはり、胸郭はため息をつくときのように動きます（鎖骨呼吸）。いわゆる「腹式呼吸」をしようとして腹踊りのような動きをしている場合は、まずは腹踊りをやめてみましょう。

　前述の通り、肺からの呼気をコントロールする方法は以下の2つです。
①声門閉鎖を強めて呼気をせき止める。
②肺が収縮する速度を落とす。

　「ブレスが短い」問題を解決するには、姿勢や呼吸の練習をすること、そして、辛抱強くロングトーンの練習を行うことが有効です。

対応する練習メニュー

　Part2 01. 02. 03. 04. 09.

03　のど声

診断と解決策

【呼吸】姿勢：緩い／支え：緩い
【声帯の振動】声門閉鎖（声帯の接近）：強い
【共鳴】様々な声道の配置

①声門閉鎖を強めて呼気をせき止める。
②肺が収縮する速度を落とす。
　肺からの呼気をコントロールする以上，２つの方法のうち①だけを行い，②をしないと，声門にかかる空気圧＝声門下圧が高まり，「のど声」になります。
　「のど声」を改善しようとして声帯の抵抗を弱めすぎてしまったり，息を吐きすぎてしまったりすると今度は「息もれ声」（p.142）になり，誤った対症療法になります。
　一般的に「息もれ声」よりは「のど声」の方が早く解決します。上記の２つの方法のうち１つはできているからです。「のど声」の改善にも，やはり姿勢や呼吸の練習をすることが有効です。

対応する練習メニュー

　Part2 01. 02. 03. 04.

144

04　ゆれ声

診断と解決策

【呼吸】姿勢：緩い／支え：緩い
【声帯の振動】声門閉鎖（声帯の接近）：緩い
【共鳴】顎：落としすぎている／舌：後舌気味／軟口蓋：下がっている／表情筋：落ちている

　合唱練習で「ヴィブラート」と呼ばれている声は，息の流れおよび声門閉鎖の関係から大きく３つに分類できます。
①ふるえ声
　「トレモロ」とも呼ばれ，声門の圧力が増えすぎた場合に生じます。過度の緊張の中で声が震えるのも「ふるえ声」（p.147）と言えます。
②ヴィブラート
　声門の圧力が適切になると「ヴィブラート」がかかります。
　適切な声門の圧力がかからないと「ノン・ヴィブラート」になります。
③ゆれ声
　さらに声門の圧力が減ると遅いヴィブラート＝「ゆれ声」になります。
　また，いわゆる「腹式呼吸」を行おうとして，下腹を膨らませていたり，「のどを開け」ようとして節度がないほど顎を下げたりしていると，「ゆれ声」が悪化します。「ゆれ声」にも姿勢や呼吸の練習が有効です。

対応する練習メニュー

　Part2 01. 02. 03. 04.

Appendix1　発声のトラブルすっきり解決メニュー　**145**

05　ヴィブラートがかからない

診断と解決策

【呼吸】姿勢：緩い／支え：緩い

【声帯の振動】声門閉鎖（声帯の接近）：適切

【共鳴】唇／顎／舌／軟口蓋／表情筋（頬の筋膜）／喉頭（のど仏）の位置が意図的に固定されている，または意識されていない

　声門閉鎖が適切でも，姿勢や「支え」が緩いと悪い意味での「ノン・ヴィブラート」になってしまいます。また，共鳴を得ようとして声道を不自然に固定していたり，声道の調整に無頓着だったりすると，悪い意味での「ノン・ヴィブラート」になってしまいます。

　前述の通り，声門にかかる圧力が適切になると「ヴィブラート」がかかります。それに対して適切な声門の圧力がかからないと「ノン・ヴィブラート」になり，さらに声門の圧力が減ると遅いヴィブラート＝「ゆれ声」（p.145）になります。

　自然なヴィブラートを生じさせるためには，姿勢や呼吸の練習が有効です。自然なヴィブラートを使って，フレーズにエネルギーをもたせる練習をしましょう。

対応する練習メニュー

　Part2 01. 02. 03. 04.

06　ふるえ声

診断と解決策

【呼吸】姿勢：緩い／支え：緩い
【声帯の振動】声門閉鎖（声帯の接近）：強い
【共鳴】顎：落としすぎている／舌：後舌気味／軟口蓋：下がっている／表情筋：落ちている

　ふるえ声は「トレモロ」とも呼ばれ，声門の圧力が増えすぎた場合に生じます。過度の緊張の中で声が震えるのも「ふるえ声」と言えます。合唱練習では俗に「ちりめんヴィブラート」と呼ぶこともあります。
　姿勢や呼吸の練習を通して，声門にかかる圧力が適切になると「ヴィブラート」に，もう少し圧力を落とすと「ノン・ヴィブラート」になります。
　心理的な要因でも「ちりめんヴィブラート」になりやすくなるので，発声技術を身につけることで自信をもって歌えるようになりましょう。

対応する練習メニュー

　Part2 01. 02. 03. 04.

Appendix1　発声のトラブルすっきり解決メニュー　**147**

07　のど仏が上がる

診断と解決策

【呼吸】姿勢：緩い／支え：緩い
【声帯の振動】声門閉鎖（声帯の接近）：強い
【共鳴】顎：落としすぎている／舌：後舌気味／軟口蓋：下がっている／表情筋：落ちている

　初心者は高い声で喉が詰まってしまうことが多く，のど仏が上がってしまいがちです。喉頭の位置が高いと，俗に言う「鶏の首を絞めたような」声（金切り声）になってしまったり，高い声でひっくり返ったりしやすくなります。

　のど仏は首の骨と関節でつながっているわけではないので，首の姿勢と緊張が適切でないとのど仏は上がってしまいます。首の正面は短く，首の後ろは長くなければなりません。姿勢や呼吸，うなじの支えを練習することで，のど仏の位置は徐々に安定していくでしょう。

　誤った対症療法としては，気道の確保式…際限なく顎を落として，のど仏を押さえつける，おだんご声（クネーデル）…舌を後舌気味にして，のど仏を押さえつけるがありますが，残念ながら，いずれも生理学的，音響学的に誤った対症療法と言えます。

対応する練習メニュー

　Part2 01．02．03．04．

08 高い音が出ない

診断と解決策

【呼吸】姿勢：緩い／支え：緩い
【声帯の振動】声門閉鎖（声帯の接近）：緩い（ひっくり返る）／強い（詰まる）
【共鳴】様々な声道の配置

　高い声が出ないのは，ただ単に声帯の伸展不足が原因だと考えがちですが，そうではなく，高音域で3要素の相互作用のバランスが崩れて破綻してしまうのが原因です。
　高音域の問題を克服するためには，
①母音調整→顎と舌の位置
②表情筋（頬の筋膜）を上げること
③うなじの支え
④呼気圧を上げないこと→呼吸管理
⑤音量を出しすぎないこと
が大切です。

対応する練習メニュー

　Part2 01. 02. 03. 04. 10.

Appendix1　発声のトラブルすっきり解決メニュー　**149**

09　低い音が出ない

診断と解決策

【呼吸】姿勢：緩い／支え：緩い
【声帯の振動】声門閉鎖（声帯の接近）：緩い
【共鳴】様々な声道の配置

　声帯の長さには個人差と限度があるので，際限なく低い声を出すというのは不可能です。しかしながら，「話し声であれば出る低音域が歌声だと出ない」という場合は，やはり3要素の相互作用のバランスが崩れている状態なので改善が可能です。
　うまくいかない人には，次のような傾向が見られます。
①姿勢が崩れている。
②肋骨が下がって胸郭が萎んでいる。
③首から肩にかけての緊張が緩んでいる。
④表情筋が下がっている。
⑤顎の落としすぎ，または狭すぎる。
　男声の場合は，最低音域付近でのど仏を少し余計に下げる，顎を少し余計に下げる，お腹を膨らませるなどをすると，出しやすくなることがあります（もちろん，3要素の相互作用のバランスが崩れるため他の音域ではやってはいけません）。

対応する練習メニュー

　Part2 01. 02. 03. 04. 10.

10 金切り声

診断と解決策

【呼吸】姿勢：緩い／支え：緩い
【声帯の振動】声門閉鎖（声帯の接近）：強い
【共鳴】顎：狭すぎる／表情筋：落ちている

　高音域の問題を克服するためには，次のようなことが大切です。
①母音調整→顎と舌の位置
②表情筋（頬の筋膜）を上げること
③うなじの支え
④呼気圧を上げないこと→呼吸管理
⑤音量を出しすぎないこと
　高音域で口を適切に開かないまま音量を出しすぎると，音色が歪んで「金切り声」になってしまいます。
○手鏡を使って，表情筋が下がっていないか確認しましょう。
○喉に違和感がある場合は「うなじの支え」が足りません。
○姿勢を確認して胸郭の広がりを感じましょう。
　表情筋が下がった状態で，顎だけを落としてしまうと「吠え声」（p.155）に，「支え」が弱いと「叫び声」（p.157）になってしまいます。

対応する練習メニュー

　Part2 01．02．03．04．

Appendix1　発声のトラブルすっきり解決メニュー　**151**

11　裏声と地声の差が目立つ

診断と解決策

【呼吸】姿勢：緩い／支え：緩い

【声帯の振動】声門閉鎖（声帯の接近）：緩い

【共鳴】唇／顎／舌／軟口蓋／表情筋（頬の筋膜）／喉頭（のど仏）の位置が意図的に固定されている，または意識されていない

　裏声と地声の差が目立つのは一見，声帯の問題のように感じます。しかしながら，喉頭内の仕組みを直接コントロールしようと思ってもあまりうまくいきません。裏声と地声の差が目立つのも，やはり3要素の相互作用のバランスが崩れている状態です。

　うまくいかない人には，次のような傾向が見られます。

①姿勢が崩れている。

②肋骨が下がって胸郭が萎んでいる。

③首から肩にかけての緊張が緩んでいる。

④表情筋が下がっている。

⑤顎の落としすぎ，または狭すぎる。

　Part2で紹介した「うなじの支え」や「グリッサンドの練習」で声帯の厚みの変化に対して，呼吸管理と共鳴器を調整（母音調整）することを学びましょう。

対応する練習メニュー

　Part2　01．02．03．04．10．

12　声量がない

診断と解決策

【呼吸】姿勢：緩い／支え：緩い

【声帯の振動】声門閉鎖（声帯の接近）：緩い

【共鳴】唇／顎／舌／軟口蓋／表情筋（頬の筋膜）／喉頭（のど仏）の位置が意図的に固定されている，または意識されていない

　心理的な要因として，「大きな声を出そう」とすると，「のど詰め声」や「がなり声」（p.156）になってしまうため，極端に声門閉鎖を緩めて，覇気のない裏声のようになってしまったり，そもそも話し声より小さい声で歌ってしまっていたりすることがあります。

　解決策としては，以下の手順が効果的です。

①まずは「のど詰め声」や「がなり声」でも構わないのでのびのびと歌う。

②のびのびと歌った結果，「のど詰め声」や「がなり声」になったら，姿勢や呼吸，「支え」や「声道の形状に影響する６つのパーツ」（p.60）を調整する。

対応する練習メニュー

　Part2 01. 02. 03. 04.

Appendix1　発声のトラブルすっきり解決メニュー　153

13　そば鳴り声

診断と解決策

【呼吸】姿勢：緩い／支え：緩い

【声帯の振動】声門閉鎖（声帯の接近）：緩い

【共鳴】表情筋：落ちている／喉頭（のど仏）の位置：高すぎる，もしくは低すぎる

　声に含まれる倍音の響きのうち，3000Hz 付近の周波数帯に生じる音響エネルギーを「歌手のフォルマント singers formant」と呼びます。

　いわゆる「ホールで飛ぶ声」にはこの「歌手のフォルマント」が含まれています。それではなぜ，そのフォルマントのある声はよく飛ぶ，つまり遠くまでよく聴こえるのでしょうか。その秘密は外耳道の共鳴効果にあります。

　それに対して，いわゆる「そば鳴り声」は，練習室や狭いホールではうるさいくらい鳴るのですが，「歌手のフォルマント」をもたないため，大きなホールではあまり聴こえないのです。

　「歌手のフォルマント」を生み出すためには，次の3つに留意する必要があります。

①表情筋を持ち上げる。

②のど仏の位置を適切な位置に置く。

③「息もれ声」（p.142）を防ぐ。

対応する練習メニュー

　　Part2 01. 02. 03. 04.

14 吠え声

診断と解決策

【呼吸】姿勢：緩い／支え：緩い
【声帯の振動】声門閉鎖（声帯の接近）：緩い
【共鳴】顎：落としすぎている／舌：後舌気味／軟口蓋：下がっている／表情筋：落ちている／喉頭（のど仏）の位置：低い

　高音域の問題を克服するためには，
①母音調整→顎と舌の位置
②表情筋（頬の筋膜）を上げること
③うなじの支え
④呼気圧を上げないこと→呼吸管理
などが大切です。「吠え声」は，顎を下げすぎたり，喉を広げようとして口を開けすぎたりすることで口の開け方，呼吸管理，喉頭の機能の連携が崩れることが原因となっています。これは，「共鳴スペースは広ければ広いほどよく響く。したがって，口腔や咽頭腔は広げれば広げるほどよい」という誤った理屈に基づいています。

　「吠え声」は詩と曲の結びつきより，喉を開けることが優位に立ちすぎている状態とも言えるでしょう。声道の形状は，声帯の振動に反応します。音声が歪めば喉頭にも影響が出て，疲れや違和感を覚えやすくなります。

対応する練習メニュー

　Part2 01．02．03．04．　Part3 全般

Appendix1　発声のトラブルすっきり解決メニュー　155

15　がなり声

診断と解決策

【呼吸】姿勢：緩い／支え：緩い
【声帯の振動】声門閉鎖（声帯の接近）：強い
【共鳴】様々な声道の配置

　心理的な要因として，大きな声を出そうとすると，「がなり声」になってしまうことがあります。「がなり声」を改善するためには「声道の形状に影響する６つのパーツ」（p.60）を調整することを学ばなければいけません。がなることなく，響きを増やすには，前述の「歌手のフォルマント」（p.154）が必要です。
　「歌手のフォルマント」を生み出すためには，以下の３つに留意する必要があります。
①表情筋を持ち上げる。
②のど仏の位置を適切な位置に置く。
③「息もれ声」（p.142）を防ぐ。
　やみくもにがなるのではなく，３要素をうまく調整することによって，「歌手のフォルマント」を増やすようにしましょう。

対応する練習メニュー

　Part2 01．02．03．04．　Part3 全般

16 叫び声

診断と解決策

【呼吸】姿勢：緩い／支え：緩い
【声帯の振動】声門閉鎖（声帯の接近）：強い
【共鳴】顎：落としすぎている／表情筋：落ちている／喉頭（のど仏）の位置：高い

　高い声が出ないのは，ただ単に声帯の伸展不足が原因だと考えがちですが，そうではなく，高音域で3要素の相互作用のバランスが崩れて破綻してしまうのが原因です。高音域の問題を克服するためには，
①母音調整→顎と舌の位置
②表情筋（頬の筋膜）を上げること
③うなじの支え
④呼気圧を上げないこと→呼吸管理
などが大切です。
　高い声は，何もしなければ叫び声になってしまいます。声楽を学んだ人でも，「共鳴スペースは自然であればあるほどよく響く。したがって，口腔や咽頭腔は何もしなくてよい」という誤った理屈に基づいて声を出していると，高音域は「叫び声」のようになってしまいます。
　音声が歪めば，喉頭にも影響が出て，疲れや違和感を覚えやすくなります。

対応する練習メニュー

　Part2 01．02．03．04．　Part3 全般

Appendix1　発声のトラブルすっきり解決メニュー　**157**

17 ふくろう声
（頭に抜けたような声，笛声，汽笛声）

診断と解決策

【呼吸】姿勢：緩い／支え：緩い

【声帯の振動】声門閉鎖（声帯の接近）：強い

【共鳴】顎：落としすぎている／舌：後舌気味／軟口蓋：下がっている／表情筋：落ちている／喉頭（のど仏）の位置：低い

　「ふくろう声」は，顎を下げすぎたり，喉を広げようとして口を開けすぎたりすることで口の開け方，呼吸管理，喉頭の機能の連携が崩れることが原因となっています。これは，「共鳴スペースは広ければ広いほどよく響く。したがって，口腔や咽頭腔は広げれば広げるほどよい」という誤った理屈に基づいています。

　声道の形状は，声帯の振動に反応します。音声が歪めば，喉頭にも影響が出て，疲れや違和感を覚えやすくなります。

　「ふくろう声」もまた，詩と曲の結びつきより，サウンド感，発声などが優位に立ちすぎている状態とも言えるでしょう。

　母音調整のテクニックによって，曲にマッチした音色で歌えるようになる必要があります。

対応する練習メニュー

　Part2 01．02．03．04．　Part3 全般

18 鼻声

診断と解決策

【呼吸】姿勢：緩い／支え：緩い
【声帯の振動】声門閉鎖（声帯の接近）：緩い
【共鳴】唇／顎／舌／軟口蓋／表情筋（頬の筋膜）／喉頭（のど仏）の位置
が意図的に固定されている，または意識されていない

　一般に，「支え」や声帯の振動の調整と共鳴とを切り離して，いわゆる
「首から上」で歌っていると「鼻声」になりやすいです。「鼻声」を解決する
ためにも，3要素のバランスをとる必要があります。
閉鼻声…歌声をつくるために不自然な位置に共鳴を集めようとしてしまえば，
　　　　3要素のバランスを崩してしまいます。音声が歪めば，喉頭が自由
　　　　であるはずがなく，疲れや違和感を覚えやすくなります。
開鼻声…軟口蓋は，子音n，m，ngや，フランス語などの鼻母音以外の音
　　　　素のときは十分に上がっています。軟口蓋を持ち上げることによっ
　　　　て非鼻音がきちんと発音され，鼻声を防ぐことができます。

　「鼻声」もまた，詩と曲の結びつきより，サウンド感，共鳴などが優位に
立ちすぎている状態と言えるでしょう。母音調整のテクニックによって，曲
にマッチした音色で歌えるようになる必要があります。

対応する練習メニュー

　Part2 01. 02. 03. 04.　Part3 全般

Appendix1　発声のトラブルすっきり解決メニュー　**159**

19 なま声

診断と解決策

【呼吸】姿勢：緩い／支え：緩い

【声帯の振動】声門閉鎖：強い，声帯が接近しすぎている

【共鳴】唇：横に引いている／顎：固定されている／舌：歯の上に乗っている／喉頭（のど仏）の位置：高い

　合唱のヴォイストレーニングにおいて日常的に問題となるのが「なま声」の問題です。一般に，素人っぽい，明るすぎる声のことを指して「なま声」と呼びます。

　そのような声をイタリアではヴォーチェ・ビアンカ voce bianca（白い声）と呼びます。まっさらで声に色彩がないように聞こえるからです。

　誤って，鼻の方に息を抜いたり，喉の力を緩めて声門閉鎖を緩めたりしてしまうと，今度は「裏声と地声の差が目立つ」（p.152）や「ふくろう声」（p.158）などの別の症状が出てしまうので注意が必要です。

対応する練習メニュー

　Part2 01．02．03．04．　Part3 全般

20 声が明るすぎる

診断と解決策

【呼吸】姿勢：緩い／支え：緩い
【声帯の振動】声門閉鎖（声帯の接近）：強い
【共鳴】顎：狭すぎる／表情筋：落ちている／喉頭（のど仏）の位置：高い

　明るすぎる声＝イタリア語でヴォーチェ・アペルタ voce aperta（開いた声）は，「なま声」（p.160）と似た症状ですが，本人やその指導者が意識的に「暗くならないように意識的に工夫」をしていたり，そもそもの本人の持ち声や性格が影響していたりします。
　詩と曲の結びつきより，サウンド感や発声のポジションなどが優位に立ちすぎている状態とも言えるでしょう。
　母音調整のテクニックによって，曲にマッチした音色で歌えるようになる必要があります。

対応する練習メニュー

　Part2 01. 02. 03. 04.　Part3 全般

Appendix1　発声のトラブルすっきり解決メニュー　**161**

21 声が暗すぎる

診断と解決策

【呼吸】姿勢：緩い／支え：緩い
【声帯の振動】声門閉鎖（声帯の接近）：緩い
【共鳴】顎：落としすぎている／舌：後舌気味／軟口蓋：下がっている／表情筋：落ちている

　「声が暗すぎる」場合は，顎を下げすぎたり，喉を広げようとして口を開けすぎたり，舌が引っ込んで後ろが下がっていたりして，3要素の連携が崩れることが原因となっています。
　これは，「共鳴スペースは広ければ広いほどよく響く。したがって，口腔や咽頭腔は広げれば広げるほどよい」という誤った理屈に基づいています。

対応する練習メニュー

　Part2 01．02．03．04．　Part3 全般

Appendix2

明解！

抽象的発声用語辞典

＆対策練習メニュー

00 イントロダクション

「声を当てて」
「開けて」
「曲げて（回して）」

　ヴォイストレーナーの先生から，このような指導を受けたことはありませんか？

　これらの感覚的，抽象的な発声指導は，すでにその感覚が身についている人には有益ですが，どこに問題があるのか，何をしたらよいのかがわからないと役に立ちません。このような状態で合唱練習に「抽象的発声用語」を用いて指導・練習をしても，結局，押し問答のようなレッスンになり，長時間練習の温床になってしまいます。

　一方で，すべての声のトラブルは発声器官の３要素（以下，「３要素」と示す）の連携がうまくいっていないために生じていると言えるので，すべての抽象的発声指導もまた，３要素を連携させるという観点から説明できます。

　どこに問題があり，何をしたらよいかを理解して指導・練習をすれば，当然，結果として「時短練習」になります。

　そこでここでは，生理学的，音響学的観点から以下の「抽象的発声用語」を解説し，具体的な練習メニューを提案します。

01 声を当てる　　　　02 マスケラ
03 響かせる　　　　　04 開ける
05 喉を開ける　　　　06 曲げる（回す）
07 息を流す

01 声を当てる

「声を当てる」＝3要素を連携させて，声のピントを合わせること。

　日本国内ではこれまで，フレデリック・フースラー『うたうこと』（1965年，原書出版）に基づいた「合唱指導における発声指導法」が数多く研究，実践されてきました。「声を当てる」という主観的な感覚は，フースラーの「アンザッツ理論」に由来します。「声を当てる」という指導言を用いる場合，主観的な声の当てどころを比喩的な誘導で意識させますが，主観的な感じ方は人によって非常に異なるため効果に個人差が出やすく，コツがつかめないと，混乱も生じやすい「抽象的発声用語」と言えます。

　フースラーに対して，リチャード・ミラーは，共鳴は鼻腔や歯の裏，眉間や顔面などの「局部的な部位」ではなく，声道においてのみ生じているという生理学的，音響学的事実を示し，身体への具体的な指示による声道と呼吸（「息もれ声」（p.142）だと，「当たっている」ように聴こえません）の調整によって，共鳴のバランスをとることを提案しています。

対応する練習メニュー

　Part2 01. 02. 03. 04.　Part3 06.

トレーニング♪　声を当てる

・スタッカートの練習で声のピントを合わせる。
・唇／顎／舌／軟口蓋／表情筋（頬の筋膜）／喉頭（のど仏）の位置を動かして共鳴を調節する。
・「息もれ声」にならないように呼吸と声門閉鎖を調節する。

Appendix2　抽象的発声用語辞典＆対策練習メニュー　**165**

02　マスケラ

　「マスケラ」＝3要素を連携させて，声のピントを合わせ，響きを輝かしくすること。

　マスケラ maschera とはイタリア語で，仮面舞踏会の仮面（マスク，マスケラ）の部分に響いているように感じる輝かしい声のことです。由来からもわかるように，主にイタリア系の声楽教師が使う専門用語です。「マスケラに響かせて」など，「声を当てる」と同じような使われ方をします。

　マスケラも「声を当てる」と同様に，感覚をつかんだ人にとっては非常に便利な指導言ですが，音大生でもすぐにできるようになる学生ばかりではなく，声楽家の先生方でも「習得には数年かかり，一生鍛錬するものである」という考えをおもちの方もいらっしゃるほどです。

　具体的には，表情筋を上げて軟口蓋を閉じる。そして，息もれを減らすことで少しずつ，イタリアンな輝かしいマスケラの響きに近づいていきます。子音mや子音nを使ってトレーニングするのが有効かつ一般的です。

対応する練習メニュー

　Part2 01．02．03．04．　Part3 06．

トレーニング♪　マスケラ

・子音mや子音nを使って共鳴を輝かしくする。
・唇／顎／舌／軟口蓋／表情筋（頬の筋膜）／喉頭（のど仏）の位置を動かして共鳴を調節する。
・「息もれ声」（p.142）にならないように呼吸と声門閉鎖を調節する。

03 響かせる

　「響かせる」＝3要素を連携させて，声の響き（倍音成分）を輝かしく，かつ深い響きに調整すること。

　「もっと響かせて」という指導言もまた，コツを知っている生徒には有効ですが，そのやり方を知らないと，声の響きがあらぬ方向に歪んでしまうか，まったくどうしたらよいかわからなくなってしまう指導言の代表格です。

　合唱練習において，指導者から「響かせて」という指導言が発せられるということは，指導者は少なくとも「響いていない」と感じているわけです。したがって「響いていない」と感じる理由を考えると解決策が見つかります。

　響いている声は輝かしく，かつ深みのある声です。声の響きのバランスが悪いと響いているようには聴こえません。「響かせて」と指示を受けたら，声道と呼吸（「息もれ声」（p.142）だと，響いていないように聴こえます）の調整によって，共鳴のバランスをとることだと考えましょう。

対応する練習メニュー

　Part2 01. 02. 03. 04. 　Part3 05. 06.

トレーニング♪　**響かせる**

・子音 z や子音 v を使って共鳴を深くする。
・子音mや子音nを使って共鳴を輝かしくする。
・唇／顎／舌／軟口蓋／表情筋（頬の筋膜）／喉頭（のど仏）の位置を動かして共鳴を調節する。
・「息もれ声」にならないように呼吸と声門閉鎖を調節する。

Appendix2　抽象的発声用語辞典＆対策練習メニュー　**167**

04　開ける

　「開ける」＝声道のサイズを調節して，３要素を連携させて，声の響き
（倍音成分）を輝かしく，かつ深い響きに調整すること。

　「開けて」という指導言も，合唱練習では頻出する指導言です。「開けて」
と言われるたびに，生徒は必死に目を見開いたり，眉毛を持ち上げたりする
ものの一向に響きが改善しない。という場面に出会うことも多いのではない
でしょうか。何より「開けて」だけだと，何を開けるのかがわかりません。

　表情筋を持ち上げ，鼻から「よい香りを嗅ぐよう」に深いブレスをとると，
軟口蓋のあたりが涼しく感じられ，軟口蓋の位置を意識することができます。
あくびが出そうなのをこらえるようにしたり，吐き気をこらえるようにした
りすると，軟口蓋が持ち上がり，咽頭腔のスペースが調整されて，いわゆる
「開いた」感覚と共鳴を得ることができます。

　子音 ng や子音 m，子音 n を使ってトレーニングすることで軟口蓋の位置
をコントロールすることを学びましょう。

対応する練習メニュー

　Part2 01．02．03．04．　Part3 01．06．

トレーニング♪　開ける

・子音 ng や子音 m，子音 n を使って軟口蓋の位置をコントロールする。

・唇／顎／舌／軟口蓋／表情筋（頬の筋膜）／喉頭（のど仏）の位置を動か
　して共鳴を調節する。

・「息もれ声」（p.142）にならないように呼吸と声門閉鎖を調節する。

05　喉を開ける

　「喉を開ける」＝３要素を連携させて，吸気筋群（胸鎖乳突筋・肋間筋・横隔膜）を駆使してのど仏の位置を安定させること。

　「喉を開けなさい」という指導言は，「開けて」と比較すれば具体的に何を開けてほしいかを明言しているので，一見わかりやすいと感じるかもしれませんが，これはこれで問題も生じやすい指導言です。例えば，

①声門閉鎖を緩める→「息もれ声」（p.142）になってしまいます。

②口や顎を使って，のど仏を下げようとする→母音と子音のバランスが崩れて，何を言っているのかわからなくなります。

③舌根の筋肉を使って，のど仏を下げようとする→いわゆるおだんご声（だんごがのどに詰まったような声）になります。

のような誤解が生じます。「喉を開ける」というのは，吸気筋群を駆使してのど仏の位置を安定させることです。同時に，姿勢が悪いと，「喉が開いている」ように聴こえないので，姿勢の調整も行います。

対応する練習メニュー
....

　Part2 01. 02. 03. 04.

トレーニング♪ **喉を開ける**
....

・「支え」（アッポッジョ）を確認する。

・唇／顎／舌／軟口蓋／表情筋（頬の筋膜）／喉頭（のど仏）の位置を動かして共鳴を調節する。

・「息もれ声」にならないように呼吸と声門閉鎖を調節する。

Appendix2　抽象的発声用語辞典＆対策練習メニュー　**169**

06　曲げる（回す）

　「曲げる（回す）」＝3要素を連携させて，母音修正を行いながら中高音域（パッサッジョ域）〜高音域を破綻せずに歌うこと。

　曲げる（回す）とは，イタリア語のジラーレ girare から由来する声楽用語です。反対に，曲がっていない声，回していない声のことを，アペルトaperto，または voce aperta（開いた声）と呼びます。アペルトの声で高音域を歌うと「叫び声」（p.157）になってしまいます。

　レッスンでは，「回しなさい」という意味のイタリア語のジーラ gira という単語（girare の命令形）を使うこともあります。

　高音域で「叫び声」にならないようにするためには，常に耳をすましながら，母音修正を行いつつ，同時に吸気筋群（胸鎖乳突筋・肋間筋・横隔膜）を駆使してのど仏の位置を安定させることが必要です。これらのテクニックを総称して「ジラーレ＝曲げる（回す）」と呼びます。当然ながら，母音修正を行わずに，手だけクルクル回しても声は曲がりません。

対応する練習メニュー

　Part2　01.　02.　03.　04.　06.　09.

トレーニング♪　曲げる

・「支え」（アッポッジョ）を確認する。
・唇／顎／舌／軟口蓋／表情筋（頬の筋膜）／喉頭（のど仏）の位置を動かして共鳴を調節する。
・「息もれ声」（p.142）にならないように呼吸と声門閉鎖を調節する。

170

07 息を流す

　「息を流す」＝３要素を連携させて，レガートに歌ったり喉詰め声を改善したりすること。

　レガートに歌っていなかったり，喉詰め声で歌っていたりしたとしても，声を発している以上，すでに息は流れています。「息を流す」という指導言が使われる場合，生徒がただ単に「息をたくさん吐きなさい」という意味だと受け取ってしまうと，「息もれ声」（p.142）の原因になります。

　結果として，

　「もっと，息を流して！」「息もれ声にしないで！」

というように押し問答のレッスンになり，長時間練習の温床になります。

　本書 Part2 01. 02. 03. の「支え」や呼吸のトレーニングをして，呼吸と身体のよいイメージを体感できるようになると，いわゆる「息を流す」歌い方に聴こえてくるでしょう。加えて，Part3 11. のように母音や半母音を使って声道を調整すると，レガートに歌えるようになります。

対応する練習メニュー

　Part2 01. 02. 03.　Part3 11.

トレーニング♪　**息を流す**

・「支え」（アッポッジョ）を確認する。
・唇／顎／舌／軟口蓋／表情筋（頬の筋膜）／喉頭（のど仏）の位置を動かして共鳴を調節する。
・「息もれ声」にならないように呼吸と声門閉鎖を調節する。

Appendix2　抽象的発声用語辞典＆対策練習メニュー　**171**

発声器官の３要素を感じるための
チェックポイント

【呼吸（呼吸と姿勢）…チェックポイント：「オ・セ・ロ」】

●オ：お腹

①吸気時

　横隔膜の凹みが平らになる。

→内臓が押されて，みぞおちとわき腹がわずかに膨らむ。

②呼気時

→吐くときは鼻をかむときのようにわき腹にエネルギーがかかる＝「支え」

　音が高くなるとき，音量を増すとき。

→「支え」（わき腹のエネルギー）を増す。

●セ：背中

　背筋（＋腹筋）→身長が一番高くなるように，反りかえらせる。

①吸気時

　胸鎖乳突筋・僧帽筋，他が胸郭を引き上げる→胸骨が高くなる（＝前へ吸う）。

②呼気時

　胸骨が下がらないようにする。

●ロ：肋骨

①吸気時

　肋間筋が胸郭を広げる（＝横へ吸う）→息を吸った直後の広がりを保つ。

②呼気時

　胸郭が萎まないようにする。

【声帯の振動（のど・首・うなじ）】

　うなじの支え（胸鎖乳突筋・僧帽筋，他がのど仏の位置を安定させる＝声帯の機能が安定する）

→あくびをこらえるように，のど・首・うなじにエネルギーをかける。

・エネルギーが弱い。

→息もれ，のど仏が上がる，なま声

・力みすぎ，力を入れる場所が違う。

→痛みを感じる，のど声，がなり声

【共鳴（発音・喉頭の位置・表情）】

→共鳴に関連する６つの部位（パーツ）を調節する。

　　・唇

　　・顎

　　・舌

　　・軟口蓋

→姿勢，吸気筋

　　・表情筋（頬の筋膜）

→発音

　　・喉頭（のど仏）の位置

→表情

Appendix2　抽象的発声用語辞典＆対策練習メニュー　**173**

おわりに

　筆者自身にとって2冊目の単著となる本書を，あなたの人生の貴重な時間を割いて，最後まで読んでいただきありがとうございます。

　多くの方々のおかげで，この本を書き上げることができました。お世話になったすべての方に感謝いたします。特にこの本の編集者である明治図書出版の赤木さんに，この場を借りて深く感謝いたします。

　本書のテーマである「生徒の自主性を高めて，時短練習。合唱コンクールの取組で，生徒の創造性をはぐくむ」は，「時間は，命そのものである」という考えと深くつながっています。
　私たちの時間は有限であり，命もまた有限です。繰り返しになりますが，これからは「長時間練習・スパルタ指導」ではなく，「時短練習・生徒の自主性を引き出す指導」の時代です。「時間は，命そのものである」からです。

　Tempus fugit（光陰矢の如し）
　時間は，命そのものである

　生徒たちの人生の貴重な時間を，「思考停止，理不尽でも我慢，言われた通りにやること」で埋め尽くさないために，「時短練習・生徒の自主性を引き出す指導」による合唱部の活動を通して，生徒たちが創造性，身につけた知識をもとに，自分の頭で考える力＝「問題解決力」を身につける手助けをしましょう。

本書には現時点で筆者がベストだと考える練習メニューを詰め込みました。巷に合唱指導の方法論はあふれていますが，情報に振り回されそうになったときは，本書の該当箇所をその都度読み返していただければ幸いです。

　日本全国，津々浦々に合唱指導に伺うと，現場の先生方から，

　「学校に音楽教師は自分しかいないので，指導法について質問ができないのが悩みです」

とのお声をいただくことが多いです。

　「本書の使い方」にも書いた通り，本書の内容についての疑問点は筆者のTwitter（黒川和伸・Twitter アカウント @chorusmasterK）にリプライすることで筆者に直接質問することができます。
　また，コンクールや合唱祭など，どこかでお会いすることがあったらぜひ声をかけてください。ご質問にお答えします。

　筆者はこれからも，よりよい合唱指導を求めて，自分の人生を突き進んでいきます。目の前の子どもたちのために最善を尽くす，あなたを応援し続けられる存在でいられるように。

　2019年５月

黒川和伸

【著者紹介】

黒川　和伸（くろかわ　かずのぶ）
合唱指揮者。1979年生まれ。千葉県出身。
市川市立南行徳中学校合唱部での田中安茂氏との邂逅により合唱を始める。
千葉大学教育学部音楽科，および東京藝術大学音楽学部声楽科卒業。東京藝術大学大学院修士課程（音楽教育専攻）修了。音楽教育を佐野靖，声楽を多田羅迪夫，福島明也，指揮法を高階正光，樋本英一，ヴォイストレーニングを永田孝志の各氏に師事。
VOCE ARMONICA指揮者として声楽アンサンブルコンテスト全国大会一般部門第1位金賞を受賞。全日本合唱コンクール全国大会において金賞・カワイ奨励賞を受賞。
東京藝術大学ALC教育研究助手を経て，現在，放送大学教養学部非常勤講師（合唱の楽しみ，千葉学習センター）。日本合唱指揮者協会会員。日本声楽発声学会会員。千葉県合唱連盟理事。松戸市合唱連盟理事長。

中学校音楽サポートBOOKS
超一流の指揮者がやさしく書いた合唱の練習メニュー

2019年8月初版第1刷刊　Ⓒ著　者　黒　川　和　伸
発行者　藤　原　光　政
発行所　明治図書出版株式会社
http://www.meijitosho.co.jp
（企画・校正）赤木恭平
〒114-0023　東京都北区滝野川7-46-1
振替00160-5-151318　電話03(5907)6702
ご注文窓口　電話03(5907)6668

＊検印省略　　組版所　株式会社　明昌堂

本書の無断コピーは，著作権・出版権にふれます。ご注意ください。

Printed in Japan　　　　ISBN978-4-18-262426-1
もれなくクーポンがもらえる！読者アンケートはこちらから　→